O PAPEL DO JORNALISMO
sem p@pel

Carlos Monforte

O PAPEL DO JORNALISMO
sem p@pel

© 2022 - Carlos Monforte
Direitos em língua portuguesa para o Brasil:
Matrix Editora
www.matrixeditora.com.br
❶/MatrixEditora | ◎ @matrixeditora | ◉/matrixeditora

Diretor editorial
Paulo Tadeu

Capa, projeto gráfico e diagramação
Edson Fogaça e Patricia Delgado da Costa

Revisão
Ivan Sousa Rocha
Maria Luiza Monteiro Bueno e Silva
Silvia Parollo

CIP-BRASIL - CATALOGAÇÃO NA PUBLICAÇÃO
SINDICATO NACIONAL DOS EDITORES DE LIVROS, RJ

Monforte, Carlos

O papel do jornalismo sem papel / Carlos Monforte. - 1. ed. - São Paulo: Matrix, 2022.
208 p.; 23 cm.

ISBN 978-65-5616-197-6

1. Jornalismo - História. 2. Jornalismo - Inovações tecnológicas. 3. Jornalistas - Efeito das inovações tecnológicas. I. Título.

22-75582   CDD: 070.4
                                                                   CDU: 070.11

Meri Gleice Rodrigues de Souza - Bibliotecária - CRB-7/6439

Sumário

• • •

1. Preliminares 9
2. O parque dos dinossauros 17
3. Do bloquinho à touchscreen....................................27
4. O futuro é o passado 39
5. A nova maneira de contar 47
6. O *Bom Dia Brasil* 65
7. Os perigos da TV..79
8. O outro lado do charme..93
9. O glamour se desmancha no ar 115
10. O bicho-papão..135
11. Então, faça você a sua revista 163
12. Ladeira abaixo..175
13. Fim ou começo de papo..191
14. Bibliografia e sugestões bibliográficas.................195

Para Maria Ignez

1

Preliminares
...

O jornal acabou, não existe mais jornalista, a notícia não tem dono, é de todos. Conceitos que, vira e mexe, se espalham no ar e nas conversas, consequência do avanço da tecnologia e das parafernálias que estão à disposição de todos, neste mundo cada vez mais conectado. O jornalista que, no meio dessa barafunda, perdeu seu papel – vive agora com *tablets* e *smartphones* –, perdeu suas fontes. O mundo está no Google, perdeu seu crédito – as redes sociais falam mais alto, dão a palavra a todos e são mais rápidas. A profissão de jornalista apresenta uma disrupção completa. A adaptação é urgente.

Este livro procura mostrar como as novas tecnologias vêm impactando a vida dos jornalistas, algumas vezes ajudando – e muito! –, outras, atazanando seu trabalho. Mas também vai mostrar os perigos que envolvem sua profissão: a pressão do tempo, dos patrões, dos governos, da Justiça, dos coleguinhas, das redes sociais e dos seus próprios sonhos – que, invariavelmente, não são realizados pela cruel presença da realidade.

Um dia desses, fuçando a internet, me deparei com o *site* de esquerda Brasil 247, amado por uns, odiado por muitos. Dissertava sobre a Campus Party Brasil 2012 – era o quinto ano no Brasil do maior acontecimento de tecnologia e internet do mundo – e as transformações do Jornalismo. Lá encontrei ponderações até interessantes do que pode ser o Jornalismo daqui para a frente, na era digital. Questões que discuto comigo mesmo e que me deixam muitas vezes confuso e inseguro diante do nosso futuro, o futuro dos chamados profissionais da imprensa. Duas questões me tocaram mais forte. A pergunta: "Existe Jornalismo fora da redação?", tomando como base aí as redações formais dos meios de comunicação como conhecemos; e a afirmação taxativa, opinião do próprio *site*: "Todos são produtores de informação e podem atuar como jornalistas".

O conceito não é grande novidade. Em 2008, Clay Shirky, professor de Telecomunicações Interativas da Universidade de Nova York, já trazia à tona essa questão em sua obra *Lá vem todo mundo: o poder de organizar sem organizações*. No livro, Shirky mostra como essas novas tecnologias estão indo além da liberdade de expressão, na medida em que incentivam a liberdade de cada indivíduo. Explica bem a situação no capítulo "Todo mundo é um veículo de comunicação" e no subtítulo interno "*Blog* e amadorização em massa".

E o autor é taxativo:

> Até recentemente, 'notícia' significava duas coisas diferentes: acontecimentos dignos de nota e acontecimentos cobertos pela imprensa. [...] Doravante, uma notícia pode penetrar na consciência pública sem a ação da imprensa tradicional. Na verdade, a mídia jornalística pode acabar cobrindo a história *porque* ela penetrou na consciência pública por outros meios[1].

A primeira constatação é a seguinte: a informação, a notícia, não é de ninguém. Ela está por aí, solta, em busca de quem a capte e a divulgue. Resta saber quem tem autoridade, credibilidade, para fazer isso. Não adianta um cidadão pegar essa informação e torná-la pública se ninguém der crédito. Vira fofoca irresponsável. (E assistimos a isso hoje, diariamente, com abundância, quando observamos mais de perto as redes sociais.) E esse também foi um dos questionamentos do debate daquela Campus Party: a verdade estaria apenas na veiculação da notícia feita pelas grandes corporações. Mas até que ponto?

---

[1] Shirky, 2008, p. 58.

O futuro do Jornalismo pode estar na resposta a essas questões. São questões nascidas da evolução dos próprios instrumentos que agitam os meios de comunicação tradicionais, além do surgimento de novidades, de novas plataformas que ajudam na condução das notícias, de sua criação até chegar aos consumidores. Tudo acontece cada vez mais rápido e por mãos as mais diversas. Hoje, o jornalista não necessita mais de diploma para exercer a profissão, segundo decisão do Supremo Tribunal Federal (STF). Seria o começo do enfraquecimento da profissão?

As dúvidas são grandes. Mais premente ainda é saber qual o papel deste "novo" Jornalismo. Onde ele vai parar? Em primeiro lugar, é preciso fazer uma óbvia constatação: primeiro, o *blog*; depois, o Twitter, o Facebook, os aplicativos, a internet: o paraíso e o inferno do Jornalismo. São instrumentos para ir além da difusão de notícias. O papel desses instrumentos é o de aproximar as pessoas, espalhar informações, por mais banais que sejam, juntar as solidões. O Jornalismo se vale disso. E, por isso, está mudando – não a sua essência, mas a forma de cumprir suas obrigações.

O papel dessas pequenas – mas poderosas – e significativas armas da internet facilita a interação. Mais do que isso, tem provocado mudanças políticas pelo mundo. Por si só, essas armas não são nada. Elas unificam, centralizam e catalisam as insatisfações de quem não tem voz – e esse é o papel de uma substância na catálise: aumentar a velocidade de uma reação química, a química dos descontentes.

O Jornalismo de hoje usa e abusa desses instrumentos. Por meio deles, investiga, constata, apura, divulga e analisa seus efeitos. Torna a informação mais rápida e facilita sua propagação. O jornalista pega o fato no meio do caminho, faz suas análises e põe a notícia para circular. Mas não é a origem do acontecimento, e sim o seu meio de transmissão, auxiliado cada vez mais por todos esses aparatos à sua volta. E pelos jornalistas involuntários, em que se transformaram todos aqueles que navegam pela rede – com alegria, amor e ódio à flor da pele.

O uso extensivo e excessivo da internet e seus derivados tem posto, isso sim, o Jornalismo em perigo. Basta ler o que diz Ryan Holiday em seu livro *Acredite, estou mentindo*, que alerta para a leitura de *blogs* os mais variados, que nem sempre trazem os fatos como eles são – mal checados, apenas interpretados e que trazem à luz apenas meias verdades, ou nenhuma. E por que ir aos *blogs*? Pela necessidade de rapidez na informação, sem checagem, sem um cuidado maior. Um perigo.

Não tem para onde fugir: o jornalista tem de estar atrelado, conectado às chamadas redes sociais para se colocar no meio das tempestades. É por aí que descobre fatos, que faz contatos, que se integra ao mundo das notícias. E é exatamente por meio desse seu novo instrumento de trabalho que ele vive suas alegrias e seus infernos.

Quem assistiu ao documentário norte-americano *O dilema das redes* sabe do que estou falando. O filme, lançado em 2020, analisa o papel das redes sociais e seus efeitos colaterais na sociedade. As redes sociais ajudam? Claro que ajudam, pois integram, fazem o conhecimento circular mais rápido. Mas também prejudicam demais – a sociedade e, por extensão, a nós, jornalistas. Como estampa um dos enunciados do documentário, citando o dramaturgo grego Sófocles: "Nada grandioso entra na vida dos mortais sem uma maldição".

E completa com outra citação do professor de Estatística Edward Tufte, da Universidade de Yale: "Existem apenas duas indústrias que chamam seus clientes de 'usuários': a de drogas e a de *software*". Conclusão: você é apenas um produto, um instrumento dessa indústria.

O jornal sem papel – que já nem seria mais jornal –, assim, é a nova cara do Jornalismo, que não muda seu caráter, mas sim seu modo de ser: é instantâneo, tanto na ação quanto na reação, na interferência, na participação do cliente. Marshall McLuhan deveria estar vivo para conhecer a internet – talvez suas teorias tomassem outro rumo. Imaginaria o fim do jornal impresso? Ele não morre. Nenhum meio de comunicação, salvo o telégrafo, morreu um dia. Ele apenas muda, sofre uma mutação importante. O telégrafo foi substituído pelo telefone, e este vem mudando com frequência. Tudo em nome da velocidade e da facilidade na transmissão de dados.

Atualmente, o telefone faz apenas parte do processo. Quem tem hoje um telefone celular, tem muito mais do que um aparelho de comunicação: tem o chamado *smartphone*, com jogos, arquivos, informação, o mundo nas mãos – de música e filmes aos *sites* de busca, à localização por satélite. Seria a morte do jornal?

Há controvérsias. Dizem que acaba, sim. E os que dizem isso até marcaram a data: 2040. É o caso de Francis Gurry, da Organização Mundial da Propriedade Intelectual, que deu a data em uma entrevista ao jornal *La Tribune*, de Genebra, em outubro de 2011. Mais ainda: ele disse que, nos Estados Unidos, iria desaparecer mais cedo, em 2017. Houve aí uma clara precipitação. Mas o fato é que todos eles vão migrar para o meio digital, ou pelo menos funcionar em conjunto.

O jornalista Ethevaldo Siqueira, com quem trabalhei nos anos 1970, na redação de *O Estado* – ele foi o criador e primeiro chefe da editoria de "Ciência e tecnologia" do jornal –, e que se especializou em telecomunicações, tem outra data. Para ele, 2030 é o limite. E conta em seu *blog* sobre a visita a um grande jornal norte-americano:

> Notou um gráfico imenso na parede da redação, mostrando a queda contínua da circulação dos jornais no mundo, nos últimos 20 anos, com uma projeção da curva descendente que chega a zero por volta de 2043. Ou seja, nessa data a circulação dos jornais impressos chegará a zero. Sobre o gráfico, uma frase declara de modo categórico: 'O jornal está morrendo'. No rodapé do quadro, os jornalistas escreveram: 'Mas o Jornalismo, não'.[2]

Tenho dúvidas. Com o sinal verde dado pelo Supremo Tribunal Federal brasileiro, praticamente liberando qualquer cidadão para exercer a profissão, e a difusão desmedida das notícias pelas redes sociais, sejam elas verdadeiras ou não – os jornais tradicionais muitas vezes também cometem erros –, há sem dúvida uma espada posta sobre a cabeça dos profissionais.

Mas, confesso, é temeroso apostar nessa morte. Haverá sempre um público para esse meio de comunicação. Ele terá, porém, de mudar. Ou seja, por tudo que falamos anteriormente, a conclusão é de que o que mudará (o modo de fazer) de fato será o Jornalismo. E para onde irá? Pelo que se vê, o Jornalismo será mais amplo, sem dono, mais abrangente, mas tenho dúvida de que será mais autêntico e verossímil.

Como acreditar nas notícias vindas de determinado *site*, se ele defende algum tipo de tendência, de opinião? Pelo Jornalismo tradicional, notícia que é notícia só é veiculada se tem a marca da abrangência,

---

[2] Siqueira, 2010a.

se ouve as partes, se é, na medida do possível, imparcial e abundante nas informações de todos os lados. Não que um *site* não tenha necessariamente de possuir uma opinião. Deve tê-la, sim. Com isso, a leitura de um *site* seria apenas parte da notícia. Para uma informação completa, é necessária a leitura de mais dois ou três *sites*. Assim como é necessário ler mais de dois jornais, ter à mão mais de duas opiniões. A dificuldade é saber se eles têm credibilidade ou não. Toda a questão gira em torno desse ponto. O celebrado jornalista espanhol Juan Luis Cebrián nos ensina que sem **credibilidade** e **independência** é difícil termos um Jornalismo plausível.

    Mas hoje, com os jornais tradicionais, a questão é idêntica. Aliás, desde os tempos em que eu frequentava os bancos da faculdade, esse sempre foi um problema relevante: até que ponto se poderia confiar nas agências de notícias internacionais, comandadas geralmente pelos norte-americanos, que têm lá sua visão de mundo? Será que por trás das informações, digamos, objetivas, não haveria outras intenções? E é com essas informações que a maior parte dos meios de comunicação trabalha. Poucos são os jornais – ou veículos de comunicação em geral – que têm condições de manter um correspondente internacional.

    Nisso a tecnologia não ajuda. O conteúdo é a raiz da discórdia. E é por isso que alguns lutam pela maior universalização das notícias, o maior acesso que todos devem ter. A questão é saber **como** conseguir isso. É saber se, mesmo assim, elas não penderão para algum outro lado que não seja o do benefício da comunidade, da população. Existem de um lado as grandes empresas de comunicação, que têm seus interesses; e de outro, um grupo que defende ideias que não coincidem com o das grandes empresas. Este último é o grupo que pede a chamada "democratização dos meios de comunicação", polêmica e questionável. No meio, o povo, ávido por informação verdadeira.

    Essa é uma questão de fundo. Mas há outra, mais prática, que é aquela que diz respeito diretamente à confecção dos jornais. Não é necessária somente a mudança da "cara" dos diários, mas toda alteração esbarra no pesado modelo industrial, pouco flexível, de mobilidade insuficiente para competir com a agilidade do Jornalismo eletrônico e a insana rapidez das redes sociais. Ou seja, a reformulação tem de ser radical: de objetivo, de estilo, de enfoque e de matriz industrial.

Está, então, colocada a questão: como será **o papel do Jornalismo sem papel**, aberto, virtual, sem lenço, nem documento? O mar de informações em que ele navega já é imenso. Muito diferente das tripas de telex que desaguavam nas redações do século XX e que já deixavam atordoados os editores, aqueles que escolhiam o que devia ou não ser publicado; fora, claro, os censores de plantão, que tinham um trabalho mais simples: impunham os cortes que os ditadores determinavam – hoje, os censores são mais tímidos, mas que existem, existem.

Essa espécie de comunicação compartilhada que a internet proporciona é a grande questão que se coloca entre todos os comunicadores. Mas não apenas entre eles. Os proprietários dos meios de comunicação tradicionais estão mergulhando fundo na velocidade das novas plataformas porque não querem perder o trem da história, nem suas gigantescas empresas, muito menos seus lucros.

Em vários sentidos, a situação atual nos dá uma oportunidade de ouro. Esse modelo nos oferece a ocasião de mudança: embora as nações sejam comandadas por homens – muitas vezes cruéis – de mais de 60 anos, esse é o momento das coisas novas, a chance de uma virada na cara do mundo – o tempo de uma geração ousada e com novas propostas.

E por que é o momento ideal para esse impulso de velocidade? É que as sociedades, levadas pela comunicação mais rápida e globalizada, nunca estiveram tão conectadas, unidas pela informação – daí os protestos, as vozes que finalmente se fazem ouvir, as indignações reprimidas que se soltam. É o momento em que:

- os preconceitos são combatidos de frente e com coragem;
- a consciência de preservação da natureza e da Terra nunca esteve tão ativa;
- a discriminação racial é tratada como um mal que precisa ser extirpado;
- os ditadores estão cada vez mais expostos aos olhos horrorizados do mundo;
- as barreiras sociais são mais profundamente devastadas.

Poderemos chegar, assim, à seguinte conclusão desta apresentação, que é a base deste livro: o modo de fazer Jornalismo mudará – já está mudando –, mas o papel do jornalista, não. O primeiro papel do jornalista é manter a sociedade atenta e informada, de maneira cada vez mais fácil de ser assimilada. Ou seja, não pode, de forma alguma, estar limitado às paredes das redações.

A tendência atual do Jornalismo é que seja praticado em outra dimensão, longe do formalismo das redações e dos padrões formatados e com fórmula consagrada. O rumo que ele deve tomar é o do compartilhamento, tanto quanto possível *on-line*, ao vivo, no momento em que tudo está acontecendo, longe das fórmulas e das pasteurizações consagradas. Mudarão os velhos jornais impressos e os tradicionais telejornais. São formas antigas, capengas, atropeladas diariamente por fatos que todos já conhecem e que não têm mais o conhecido charme do segundo milênio. Mudamos de milênio e de patamar.

O depoimento que segue é de alguém que acompanhou as modificações na cara das redações, masculinas, que viviam envoltas em fumo e angústias, em ambiente analógico e barulhento, que se tornou mais silencioso e asseado – o lixo agora é outro. Com a eterna pressão, mas muito mais veloz e competitivo, mais próximo da sociedade e seguramente mais tenso.

A sociedade precisa saber o que há por trás da notícia que chega até ela, com toda sorte de pressão e opressão. E como os jornalistas estão lutando pelas novas formas de dar a informação, que tem de chegar de forma mais rápida e ser verdadeira, com chance de proporcionar a escolha de opiniões. Sem papel, mas com a certeza de estar fazendo a coisa certa.

2

O parque dos dinossauros
...

A primeira impressão, confesso, foi de espanto, beirando o deslumbramento. Uma sala enorme, que parecia não ter fim, quase um galpão, entremeado de colunas, muita poeira e fumaça de cigarro. Não era de fato um ambiente salubre, mas tinha algo de mágico, pelo menos para um encantado jornalista com pouco menos de cinco anos de profissão. A redação do *Estadão*, nos anos 1970, ainda na Rua Major Quedinho, Centro de São Paulo, era o padrão, o arquétipo do que eram as redações dos jornais brasileiros: suja, barulhenta, com gente que se movia lentamente, tensa, com pouco bom humor e tremores na alma. O Jornalismo era ainda uma profissão boêmia, profissão dos que se perdiam pela noite, adoravam um copo e um cigarro, diferente do que se vê hoje. Ali era o verdadeiro parque dos dinossauros, mas alguma coisa já estava mudando.

A imagem que ficou na lembrança é a de um lugar com cheiros diversos, ácidos, azedos, fedidos, de tinta de máquina de escrever, de papel úmido, de fumo, de hálitos impuros, que grudavam na roupa, no corpo, em todos os pelos – um odor profundo que jamais se esquece, que fica impregnado no osso e é impossível definir com exatidão. O cheiro da vida que se leva, tropeçando no que é notícia, no que é invenção, história, calhordice, máculas eternas que saturam e moldam a existência. Cada palavra, cada gesto, cada baforada de cigarro podre – era normal, corriqueiro e quase obrigatório o fumo na redação – tinham um poder inenarrável de se transformar em infinito e se tornar belo. Até as velhas mesas, as gavetas emperradas, guardavam nas tampas oleosas a gordura do ar viciado, das mãos sujas, do bafo carregado de nicotina, de tensão, que habitava o ambiente.

Os fantasmas que percorrem, que moram numa redação de jornal, são tristes e plenos de ódio. Essa é a crença geral entre os habitantes das redações. Em *A Tribuna*, de Santos, onde aprendi os primeiros acordes da sinfonia, o temor era se deparar com o fantasma de M. Nascimento Júnior, o homem que fez daquele jornal um grande jornal. Quando algo ia mal, ou faltava luz, ou uma linotipo pifava, ou alguma má notícia aparecia, o débito era em cima do fantasma.

No *Estadão*, a alma penada da vez era a de Carlão, o Luiz Carlos Mesquita, considerado o mais talentoso, o mais "humano" entre seus irmãos mais velhos, Júlio Neto e Ruy Mesquita. Carlão frequentou a redação, viveu como um jornalista, e todos sentiam que era ele o real herdeiro da família de empreendedores da comunicação. Mas morreu cedo, aos 40 anos, e pouco pôde sentir da caminhada do grupo. Seu fantasma, porém, percorria as redações e estrilava quando as coisas iam mal.

Esse era mais um motivo para descontrair e aliviar as mentes, uma brincadeira, dentro de um ambiente cáustico e tenso. Um divertimento para driblar a ansiedade e a inquietação.

São apenas lendas das redações. Na verdade, não há alegria nem surpresa nas notícias, e elas são muitas, milhares, todos os dias – tratam da vida e da morte como um prato frugal, como algo natural e simples, quando na realidade, ali, naquele mar de pessoas, está a essência do labirinto da vida humana, suas contradições, descrenças, desejos, decepções.

Esse é o cenário por onde flui a informação que chega de todas as partes e se confunde e se embaraça nos rostos, no coração daquela gente que, a cada dia, perde os sentimentos da dor, do amor e da pena, que jamais se espanta com qualquer fato, seja ele o mais inesperado. O jornalista engolia a estupefação com três goles de cerveja no fim da noite.

A dor da censura

De frente para a extensa e nevoenta redação ficava o "aquário", onde estavam instalados o diretor – e dono – do jornal e seu eminente redator-chefe. Júlio de Mesquita Neto, com suas espetaculares sobrancelhas, e Fernando Pedreira, velho e brilhante comunista que se dobrou às normas da família Mesquita, dominavam com os olhos, e com a fala mansa, aquele pessoal que compunha um corpo de profissionais experientes – ou pelo menos audazes. Todos viviam com a ansiedade a mil.

Na verdade, a força daquela redação madura, mas que começava a se recompor, a se modernizar, não estava naqueles equipamentos, que logo seriam ultrapassados – se é que já não estavam. A força de todos estava na resistência, na insistência em fazer um bom Jornalismo, isento, bem escrito, compacto, moderno, que buscava sempre a notícia em primeira mão. O que se procurava era sempre dar todos os fatos, de todos os lados, com todas as vertentes. Mas nem sempre foi possível.

O calor da redação era intenso. E o incômodo tornou-se quase insuportável quando foi instalado entre nós um agente da censura, um funcionário público encarregado de impedir a publicação de algumas notícias que supostamente iriam agredir, insultar ou simplesmente questionar – ou nem isso – a ditadura vigente dos generais de 1964.

Sua sombra chegava silenciosa na redação, no começo da noite. Embora fosse um corpo estranho, queria sempre parecer invisível. Mas bastava botar um pé no grande galpão abafado para se ouvir um grito entre as colunas:

> *"Strangers in the night*
> *Exchanging glances*
> *Wondering in the night..."*

Era a voz grandiloquente do Gegê, o Gellulfo Gonçalves, chefe dos diagramadores, anunciando a chegada do nosso inimigo íntimo, o censor. *Stranger* vinha da balada "Strangers in the night", sucesso de Frank Sinatra, depois transformado em hino gay, e foi se tornando parte daquele mundo, cena diária de um personagem burlesco que representava a mão opressora do Estado contra o desejo de todos de apenas dar a notícia.

Mas, é bom que se diga, toda ditadura é esquizofrênica.

Dia após dia, lá vinha o estranho na noite com seu chapéu e sua capa, que colocava regularmente no cabide ao lado da porta, e procurava seu lugar, na mesa cedida pela empresa. Dava uma bicada no café requentado da cafeteira e acendia seu cigarro. Punha-se, assim, a receber as laudas, as matérias que seriam julgadas, a seu critério, e debaixo de uma lista acertada por seus chefes, do que poderia ou não ser publicado. Nunca deixávamos de escrever alguma notícia, pois era nossa missão – a missão dele era avaliar se o teor da notícia era do gosto da ditadura.

Esse fragmento vivo da história do Jornalismo no Brasil fica ainda mais intenso na minha cabeça, primeiro por eu tê-lo vivido tão fortemente, e isso me dá um orgulho danado e uma sensação gostosa e estranha de ter participado desse momento febril da história do Brasil; segundo, por ele ter virado um documentário, e como é curioso e maravilhoso ver o que você viveu com tanta intensidade registrado em filme.

O documentário é *Estranhos na noite*, título inspirado exatamente no grito de guerra do Gegê, com roteiro do jornalista José Maria Mayrink e direção de Camilo Tavares, filho do jornalista Flávio Tavares, que tinha sido preso, torturado e banido do país – foi um dos 15 trocados pela liberdade do embaixador norte-americano Charles Elbrick. É emocionante ver os personagens que participaram diretamente dessa história, e com quem convivi, reviver esse documentário que cheira a filme pastelão e que serve de exemplo para o que não deve mais acontecer.

Será que tínhamos noção do importante e delicado momento da história que estávamos vivendo, que estávamos construindo? Duvido. Ninguém pensava nisso, muito menos nos ensinamentos que muitos de nós tínhamos aprendido na faculdade – a teoria muito longe da prática (na verdade, poucos ali tinham cursado faculdade; eram jornalistas natos). Mas foram momentos mágicos que atualmente fazem me emocionar demais.

A emoção de hoje, porém, foi a angústia de ontem. A censura nos maltratava todos os dias, embora procurássemos levar a situação na base da zombaria, porque sabíamos que um dia ela teria fim.

Um dos casos mais espantosos foi o da epidemia de meningite, que avançava sobre o país – em 1974, já eram mais de 12 mil casos na cidade de São Paulo, uma média de 33 casos por dia. Foram constatados 900 casos de morte. Os governantes não queriam divulgar o caos na saúde pública, que era uma demonstração clara de sua total incompetência. Resultado: nada se publica.

Eu era *copidesque* – aquele profissional que ajusta o texto ao tamanho que a matéria deve ter na página diagramada, uma função que nem existe mais – na redação do *Estadão* e fui designado para fechar uma página sobre a epidemia que varria o país. Preparei todo o material, que incluía um levantamento dos casos e a situação do Hospital Emílio Ribas, o único que tratava a doença em São Paulo. Foram horas de trabalho, colhendo o material, diagramando a página, redigindo o texto, fazendo os títulos. Até que o editor veio até mim:

– Pode largar tudo. A censura proibiu.

Assim, curto e grosso. No mesmo dia, a tesoura do "Stranger" podou ainda a reportagem do Reali Júnior, correspondente do *Estadão* em Paris, que havia entrevistado os donos do Laboratório Mérieux, que revelaram que a produção de vacinas não conseguia dar conta da demanda brasileira. Era uma epidemia nacional que os generais de plantão queriam esconder da população brasileira.

Essa não é uma atitude inteligente. E um exemplo disso vimos em 2019, quando um médico chinês, Li Wenliang, alertou sobre a existência de um novo e terrível vírus no ar, o novo coronavírus – depois batizado de SARS-Cov2 –, e foi severamente repreendido pela polícia do país, que classificou sua descoberta como boato. Vimos o que aconteceu: o crescimento de uma pandemia que matou e continua matando milhões de pessoas – inclusive o próprio Wenliang – e abalou o mundo. A censura nunca faz bem.

Entre versos e doces

Claro, não foi apenas o *Estadão* – além do *Jornal da Tarde* – que sofreu com as excentricidades de uma ditadura, nos quase dois anos de censura intensa – com mais de mil textos cortados. A Editora Abril foi outra empresa que sangrou nas mãos do poder militar que governou o país durante mais de 20 anos. Pude assistir a isso – e me frustrar, por não encontrar nas bancas – como leitor da revista *Realidade,* que teve números brilhantes apreendidos pela neurose moralizante dos militares no poder.

Carlos Maranhão, que construiu toda sua carreira profissional na Abril, conta no livro *Roberto Civita: o dono da banca* as agruras enfrentadas pela direção e pelos jornalistas diante da imposição dos censores. Pela citação de nomes como o do arcebispo de Olinda, dom Hélder Câmara, e do cantor e compositor Geraldo Vandré, a revista *Veja* foi advertida e depois punida com a inclusão de um censor em sua redação – ou melhor, longe dela, já que esse censor preferia receber os textos em casa, onde poderia amputá-los com mais liberdade.

Outro que enfrentou a censura nos tempos duros da ditadura (não a de 1964, mas a de Vargas) foi o brilhante Carlos Castello Branco. Carlos Marchi conta na biografia de Castelinho – *Todo aquele imenso mar de liberdade* – os dissabores enfrentados por ele na redação do jornal *O Estado de Minas*, quando teve de encarar frente a frente o censor que aniquilava as matérias. A palavra *democracia*, por exemplo, era proibida em títulos. No final dos tempos de censura, Castelinho simplesmente expulsou o censor da redação, a pedido do dono do jornal, Assis Chateaubriand. Mas com delicadeza: ao sentar à mesa, Ataliba, o censor, ouviu de Castelinho que, se quisesse ler o jornal, comprasse na banca, que ali não iria ler mais.

Talvez a história mais extraordinária que a censura proporcionou ao Jornalismo tenha ocorrido no *Jornal do Brasil*, dirigido pelo grande jornalista Alberto Dines, falecido em 2018. A jornalista Belisa Ribeiro relata pormenores da ópera em seu livro *Jornal do Brasil: história e memória – os bastidores das edições mais marcantes de um veículo inesquecível*.

Era 11 de setembro de 1973 – 11/9 tem sido sempre uma marca memorável para a humanidade. Tarde da noite, veio a notícia do golpe no Chile, com a invasão do Palácio de La Moneda, a tomada do poder pelos militares e a morte do presidente Salvador Allende. Por aqui, a censura fez valer a sua força: estava proibido dar manchetes sobre a morte de Allende – da mesma forma que não se podia escrever a palavra *democracia*, falar sobre o surto de meningite, publicar demissão de ministro e tantos outros absurdos.

Muito bem. A direção da redação se reuniu, e Dines teve a ideia: não pode dar manchete, então não se dá manchete – a saída foi dar toda a primeira página em corpo 18 (que é um tamanho de letra usado em pequenos títulos dentro da página), e para isso utilizou a máquina de títulos Ludlow. Criou-se uma edição histórica, foi cumprida a determinação da censura e a informação não foi subtraída dos leitores. A genialidade contra a besta. E esse é apenas um exemplo dos recursos usados pelos jornalistas para escapar da fúria das restrições.

Em geral, a censura vinha por telefone e era sacramentada pelo tacão do censor em pessoa. De 1972 a 1974, foram mais de 286 comunicações impostas que tratavam dos mais diferentes assuntos: de especulações sobre a sucessão do presidente da República – no caso, o general Médici – à entrevista de dom Hélder Câmara; de notícias e comentários sobre a explosão de uma bomba no consulado norte-americano em São Paulo a notícias e críticas da peça *Calabar*, de Chico Buarque, entre tantas outras.

Claro, nessa época de brutalidades, a censura não pegou apenas a chamada imprensa tradicional, que sofreu muito. Sofreram mais, porém, os jornais menores, que militavam contra o regime, e que traziam oxigênio a um ambiente sufocado. Eram jornais que traziam o humor e as informações que o governo da hora não queria, mas que, pela teimosia, fizeram história.

A lista de jornais nessas condições não é pequena e se compõe de alternativos, mas também clandestinos, parte deles produzida fora do país. A história detalhada de cada um foi contada no livro *As capas desta história*, organizado pelo saudoso jornalista e meu fraterno amigo Ricardo Carvalho.

Mas vamos nos restringir às publicações "permitidas" pela ditadura, que seguiram a vida aos trancos e barrancos, a maior parte com duração curtíssima. Falo do *Pasquim*, hoje venerado como tendo sido o melhor semanário político de humor; do *Opinião* – do empresário nacionalista Fernando Gasparian, ao lado do jornalista Raimundo Rodrigues Pereira; do *Ex* – que se tornou histórico pela denúncia do assassinato de Vladimir Herzog e que teve parte da edição apreendida; e do *Movimento* – também de Raimundo R. Pereira, que teve censura prévia desde o primeiro número. São os exemplos mais marcantes, mas há muito mais: o Jornalismo de resistência.

Posso assegurar, como testemunha, que no *Estadão* convivíamos bem, jornalistas e censores, uns tentando passar a perna no outro, como se vivêssemos na Idade da Pedra, no reino dos dinossauros. Nós, jornalistas, procurando driblar os olhos atentos do censor, dando um trato especial aos fatos. Ele, o censor, obediente a seus chefes, impiedoso em sua tarefa de impedir a impressão de qualquer fato que estivesse no cardápio diário dos governantes.

Se a notícia ou reportagem já havia descido para a oficina, ela era retirada da página já montada e substituída pelos versos de *Os Lusíadas*, de Luís de Camões. O poema – colossal – foi publicado repetidas vezes. O *Jornal da Tarde*, a outra publicação do grupo, resolveu ser mais leve no protesto e publicava receitas de bolo, todas elas sem pé nem cabeça.

Eram tempos difíceis, em que íamos ao trabalho com a certeza de que o dever não seria totalmente cumprido. Havia a mão pesada e violenta da censura sobre as nossas cabeças. Mas havia também certo comodismo, um leve relaxamento, porque sabíamos que, em última análise, a responsabilidade do que saía ou não era do funcionário censor. E havia também um acordo tácito e silencioso entre os jornalistas e a direção do jornal: todos, pelo bom senso, a favor da liberdade de expressão, pelo inimigo comum, éramos contra aquele ambiente sufocante e marchávamos juntos. Mas, é bom que se diga, nem sempre foi assim.

Quando foi interpelado certa vez pela polícia para explicar sua posição política contra o governo, Júlio de Mesquita Neto respondeu com ironia, ao lhe perguntarem quem era o responsável pelo que era publicado no *Estadão*. Disse ele: "Alfredo Buzaid, ministro da Justiça", que era quem mandava no chefe do Departamento de Diversões Públicas, que cuidava da censura.

Depois que a censura deixou de existir, veio à luz um fato mais grave ainda, que também rondava a cabeça dos jornalistas e das publicações que conseguiam subsistir e não recebiam a visita dos censores: a **autocensura**. Enquanto ela não havia tomado conta das empresas de comunicação, a brincadeira era enganar a censura e os censores, como Alberto Dines fez com genialidade no *Jornal do Brasil*. Depois veio a cruel realidade, que atingiu várias publicações.

No *Estadão*, a mais hilária tentativa de burlar, ou pelo menos ludibriar a censura, foi com a notícia da demissão do ministro da Agricultura de Ernesto Geisel, o gaúcho Cirne Lima. Ele havia pedido demissão depois de uma briga feia com o ministro-czar Delfim Netto – Delfim nega. O jornal foi proibido de dar a notícia e divulgar sua carta de demissão. Mas a página, a primeira página, já estava diagramada, tinha descido para a oficina e estava pronta para ser impressa. O que se fez?

Oswaldo Martins de Oliveira Filho, o Oswaldinho, junto com Ludembergue Góes, dois editores que fechavam a primeira página, desceram à oficina, sacaram a foto do ministro e colocaram em seu lugar um "calhau" – um clichê (foto) de chumbo que era usado quando havia um "buraco" na página (ausência de notícia ou anúncio). O tal "calhau" era uma propaganda da Rádio Eldorado, que pertencia ao Grupo Estado, e que anunciava um novo programa, apenas com música brasileira. Resultado: a primeira página do *Estadão* saiu estampada com o clichê do anúncio, bem no alto, enorme, gritando a todos que algo muito estranho estava acontecendo. Dizia o anúncio: "AGORA É SAMBA".

Lá estava a nossa vingança, estampada na capa do jornal: havíamos passado a censura para trás. Valeu a pena. Provavelmente, foram os últimos capítulos românticos da história do Jornalismo brasileiro.

3

Do bloquinho à touchscreen
...

A censura não impediu os avanços nem a vontade de melhorar a qualidade dos jornais, tanto na parte do conteúdo como da apresentação da notícia. Apesar da censura, a busca sempre foi a do aperfeiçoamento, de uma diagramação mais limpa, mais leve, que pudesse atrair a atenção do leitor. Essa não era apenas a preocupação dos jornalistas de *O Estado*, enquanto eu estive lá, de 1973 a 1978. As redações dos grandes jornais brasileiros pensavam assim, dentro dos padrões da época. Não havia ainda a concorrência feroz das TVs, muito menos das TVs a cabo e das mídias sociais, que fazem concorrência direta com a chamada "mídia tradicional".

Vivíamos ainda os tempos do papel: ele era o nosso principal instrumento de trabalho. O papel do bloco de anotações do repórter; o papel da lauda que receberia a matéria; o papel da impressão. O papel jorrava dos teletipos, do telex, do material da rádio-escuta, dos correspondentes das cidades mais próximas de São Paulo. Aos poucos, toda essa papelada foi sendo substituída pelo gravador, enquanto os mais espertos não usavam nada, apenas a memória. Sempre usei bloquinhos ou folhas esparsas a fim de anotar as informações para compor a reportagem.

Vamos a um exemplo. O jornalista norte-americano Gay Talese, ao explicar sua famosa reportagem sobre Sinatra ("Frank Sinatra está resfriado"), contou que jamais usava gravador. Diz ele que se interessava "menos pelas palavras exatas que saem da boca das pessoas que pela essência do que elas dizem". Quando dava, anotava uma frase ou outra que achava importante para costurar o texto.

Talese é um gênio e não se dedicava, de preferência, ao Jornalismo diário. Ele fez seu trabalho famoso para a revista *Esquire*, em 1965, e para isso dedicou meses, mas seus méritos são inegáveis. A reportagem sobre Sinatra é antológica, e a revista a republicou em 2003, por considerá-la sua melhor matéria – e isso porque Talese não conseguiu falar com Sinatra, apenas com as pessoas que o cercavam.

Como *copidesque* – como já disse, função que nem existe mais, e que era exercida pelo jornalista que tinha como trabalho colocar as matérias dos repórteres ou comentaristas no tamanho da página, tentar melhorar o texto, cortar o que considerava supérfluo e dar a ele um título – passei anos dedilhando as velhas Remington Rand pretas, estrepitantes, algumas dos anos 1950, outras dos anos 1940, usadas com vigor, mas com terna alegria. Usávamos cartuchos de tinta que, de tão gastos, precisavam ser trocados toda semana, e o texto era feito em cópia, com papel carbono – que o tempo também praticamente eliminou da face da Terra. Quando chegaram as máquinas elétricas, menos barulhentas, de cara mais modernas, houve até certa rejeição: o jornalista sempre resistiu – e muitos continuam resistindo – bravamente às inovações da tecnologia.

Foi um sacrifício pessoal imenso passar do impresso para o eletrônico, porque o modo de contar a notícia é outro – além do que, o repórter dessa forma participa da informação, está no meio dela, não é apenas seu narrador. Você se mostra de corpo e alma, de forma pouco natural, mas tem de aparentar ao mesmo tempo credibilidade, seriedade, descontração e farta informação, narrada aos borbotões. É ser quase um artista. Para mim, foi como sair da zona de conforto para uma grande aventura.

Antes de chegar à TV Globo, em 1978, passei por dois diários importantes: *A Tribuna*, de Santos, e *O Estado de S. Paulo*. Foi neles que exerci de fato a profissão, pratiquei a forma e o conteúdo e até me aventurei em reportagens mais profundas. Junto com Carlos Manente e Ouhydes Fonseca, ganhamos até mesmo um Prêmio Esso Regional, em *A Tribuna*, uma distinção pretendida por todos os jornalistas.

Naquele tempo, *A Tribuna* abrigava jornalistas do porte de Juarez Bahia, Geraldo Ferraz, Rubens Ewald Filho, Chico Santa Rita e Oscar Barbosa, profissionais que aos poucos foram saindo para voos mais altos, mas que conseguiram fazer história importante no jornal.

Desenvolvi e aperfeiçoei a técnica de escrever em jornal por nove anos até que, desempregado, procurei novos rumos. O que estava mais à mão, graças à indicação de companheiros que haviam trabalhado comigo tanto em Santos como em São Paulo – como o brilhante Oswaldinho –, era a vaga de repórter na TV Globo de São Paulo, onde o diretor era um dos meus ídolos na profissão: Luiz Fernando Mercadante. Junto com ele, Woile Guimarães e Dante Matiussi.

Hoje, lembrando-me daqueles tempos, me pergunto: como as notícias chegavam, sem um sistema de telefonia decente, sem internet, sem uma comunicação leve e rápida? O fato é que elas chegavam. Em profusão. Eram longas tripas de telegrama, que líamos com avidez, para marcar as que realmente deveriam ser maiúsculas – o telex vinha todo em caixa-alta –, para pontuar, cortar o que devia ser cortado. No *Estadão*, fui *copy* da "Geral", da "Política" e da "Primeira", e por minhas mãos inexperientes passaram artigos, reportagens, material de jornalistas consagrados, considerados estrelas, velhos redatores, colunistas e repórteres em quem todos confiavam e reverenciavam. E também de novos e promissores jornalistas.

Havia o telex, mas também havia a rádio-escuta – um jornalista com fone no ouvido captava notícias das rádios e, ao telefone, escrevia os textos narrados pelos correspondentes que trabalhavam no interior do país; era mais rápida e mais barata a ligação do que o envio do material pelo correio – e os telegramas, que chegavam de todas as partes do país e do mundo, pelos correspondentes, pelas agências de notícias. Era outro mundo, que foi mudando aos poucos, com a chegada da impressão a frio (as impressoras *off-set* ou *ofset*, mais limpas do que as velhas e barulhentas rotativas), da fotocomposição (no lugar das gigantescas linotipos, que faziam das oficinas de jornais um verdadeiro inferno), e principalmente da internet. Foi – na verdade, ainda está sendo – uma revolução.

No jornal diário, naquele tempo, o repórter chegava à redação, sentava à mesa, batia sua reportagem nas velhas Remington – ou Olivetti –, depois passava ao *copidesque*, ia para o editor, para o revisor e seguia seu caminho. No diário, é praticamente impossível perder tempo em desgravar o que se tem no gravador, embora haja o perigo de não se expressar o que o entrevistado disse.

O novo Jornalismo

As evoluções no jornal sempre esbarraram nos limites do impresso. Aumentar o corpo (o tamanho da letra), mudar o padrão, abrir mais as colunas, dar mais branco, tudo foi testado para melhorar o interesse do leitor, além, claro, de se aprimorar a técnica dos títulos, por onde os leitores são pescados. Simplificar o texto. Várias mudanças provocaram renovações importantes, beirando a revoluções, a genialidades.

O *Jornal da Tarde* inovou na redação das matérias. Era o oposto de seu irmão mais velho, o *Estadão*, preso a tradições. O *JT* liberou a reportagem, a informação, o texto. Acabou com o *lead* tradicional e foi na linha do *New Journalism*, um gênero praticado por jornalistas norte-americanos, como Lillian Ross, Truman Capote, Norman Mailer, Tom Wolfe, Gay Talese. E que chegou às bancas praticamente junto com outro ícone da imprensa brasileira: a revista *Realidade*.

Enquanto isso, a televisão começava a nascer, baseada no que se fazia nos Estados Unidos. A Globo passou a funcionar em abril de 1965, mas outras emissoras já vinham fazendo sua gloriosa trajetória, como a pioneira Tupi (de Assis Chateaubriand), a Record (dos Machado de Carvalho) e a Excelsior (que foi desmantelada pela ditadura). Todas elas contribuíram um pouco para o que temos hoje, mas o Jornalismo "pra valer" – apesar de figuras marcantes da área, como Maurício Loureiro Gama, Carlos Spera, e o polêmico "Tico-Tico" (José Carlos de Morais) – foi se desenvolvendo aos poucos, com a migração de jornalistas poderosos da imprensa escrita para a televisão e, claro, com a evolução das tecnologias.

E esta é a verdade: o Jornalismo de televisão foi se desenvolvendo, ganhando corpo, graças às contribuições dos jornalistas que vieram principalmente da imprensa escrita. Jornalistas de sucesso ajudaram fortemente para dar credibilidade, e até mesmo para criar um padrão ao texto da televisão. Fora o impulso muitas vezes dado pelos profissionais de rádio, que estiveram muito tempo à frente dos que trabalhavam na TV. Um exemplo destes é Vicente Leporace – que eu ouvia diariamente, tomando café da manhã com minha mãe, em Santos –, que desenrolava a notícia e batia em todo mundo, principalmente nos políticos. Era a fala sempre incisiva d'*O Trabuco*, de saudosa memória, pelas ondas da Rádio Bandeirantes.

> "Seu Leporace, agora com o *Trabuco*,
> Vai comentar as notícias dos jornais.
> Seu Leporace, agora com o *Trabuco*,
> Vai dar um tiro nos assuntos nacionais."

(Nada sutil, nada politicamente correto. Mas o que importa? Era um sucesso, e o jeito descontraído do velho jornalista, apresentador, poeta, sempre severo com os desmandos políticos, caberia muito bem nos dias de hoje. Se deixassem.)

Se essa realidade atingiu em cheio os jornais impressos, o que dizer da televisão? Ocorreu um salto gigantesco do começo do século para cá, que só faz diminuir o tempo entre o que acontece e o conhecimento de todos. Ainda que, muitas vezes, o fato claro se torne uma horripilante mentira, distorcida ou recriada por gente mal-intencionada.

Até mesmo a jornalista – misto de atriz e apresentadora – Monica Iozzi, que vem buscando seu lugar ao sol, em uma entrevista à *Folha de S. Paulo*, no começo de 2016, soltou uma frase – talvez casual, talvez sem querer – sobre a horizontalidade dos meios de comunicação. Disse ela que a linguagem audiovisual da internet "democratizou tudo de tal maneira que algumas formas de fazer TV começam a ficar ultrapassadas".

Acertou em cheio. Só que não aprofundou a questão. De fato, as notícias têm chegado com maior rapidez e aos borbotões, de forma pouco sistêmica, tudo sendo colocado no ar, de preferência ao vivo, no calor do fato, que é consumido rapidamente. Isso requer um novo tipo de postura, de linguagem, em que é necessário o uso das novas tecnologias – uma comunicação mais ágil com o repórter, um som mais preciso, uma imagem em alta definição, um equipamento mais moderno no *switcher* (cabine de onde se coloca a programação no ar), um satélite de última geração –, além de uma nova linguagem por parte de quem usa todos esses meios, ou seja, o repórter, o apresentador.

O voo do beija-flor

Se cientistas e engenheiros conseguiram e conseguem produzir novidades tão fantásticas para integrar o dia a dia da comunicação, por que os jornalistas ainda não encontraram novas formas de contar suas histórias?

O jornalista é sempre o atrasado nessa história de inovação. Enquanto as grandes conquistas vêm e se vão, o jornalista fica apegado às suas tradições, ao bloquinho de mão, com saudade das velhas máquinas de escrever. Falo, é claro, dos velhos jornalistas, dos que nasceram logo depois da Segunda Guerra Mundial, como eu, os *baby boomers*, que vêm lutando desesperadamente por uma atualização rápida. Apesar da boa vontade, jamais vamos alcançar essas novas gerações, os que estão chegando aos novos tempos, com um *chip* digital diferenciado, implantado na cabeça.

Caberá a esses cidadãos dar uma forma nova à maneira de contar uma história no Jornalismo. E eles não poderão ter medo de fazer isso – farão, se deixarem. A imaginação deles estará a serviço da evolução da linguagem do Jornalismo.

Regina E. Dugan, que foi diretora da Agência de Projetos de Pesquisa Avançada de Defesa (Darpa, em inglês) dos Estados Unidos, realizou uma notável palestra há alguns anos, falando das pesquisas e descobertas de sua agência. Foi a Darpa, por exemplo, que imaginou a internet, em 1969.

Nessa palestra ("Do planador Mach-20 ao zumbido do beija-flor"), Dugan tratou dos avanços da ciência e das descobertas proporcionadas pelos cientistas da Darpa, e estimulou a todos que tentassem sempre buscar novos caminhos para o aprimoramento da humanidade.

Ela disse, por exemplo, que o começo da pesquisa relacionada à internet emperrou nas duas primeiras letras da palavra *login*, porque faltou energia elétrica no prédio no momento dos testes, e tudo foi paralisado. Um obstáculo inacreditável para uma experiência tão importante. Mas hoje vemos que aquele primeiro contato entre a Universidade da Califórnia e o *Stanford Research Institute* foi apenas o início do sucesso mundial que é a internet, que envolve mais de 3 bilhões de pessoas em todo o planeta.

Para chegar às conquistas, disse Regina Dugan – e talvez esteja aí o seu principal recado –, o que vale é que não se tenha medo das tentativas na busca pela inovação. "A falha é parte da criação de coisas novas e interessantes", disse ela. Não estimulou a falha, mas condenou o medo que se tem de falhar. Ou, como diria o gênio Albert Einstein, já faz bastante tempo: "A falha é o sucesso em andamento".

Em Israel, país conhecido por ser "uma nação de *startups*", as pessoas (*coaches*) que selecionam candidatos para novos cargos fazem questão que esses novatos incluam no currículo suas iniciativas que não deram certo. Eles acreditam que se aprende muito com os erros, e é a partir deles que novos projetos podem ser construídos e levados adiante. A experiência faz parte do negócio.

O que eu quero dizer com isso? Que os jornalistas, novos ou experientes, não precisam temer o erro, ou tentativas frustradas, para alcançar algo novo. Só aí vamos chegar a uma nova linguagem, mais apropriada às novas tecnologias que fazem com que ela chegue a todos os ouvidos e a todos os olhos, ao entendimento.

E a quem cabe o papel de tocar essa tarefa? Fora o talento inato, cabe em primeiro lugar aos usos e costumes da **vida em família**, ao estímulo à **leitura**; depois, à **escola**; em seguida, às próprias **empresas**.

É difícil prever como seria a vida em família, porque apenas a educação pode fazer com que tenhamos certa previsão do que poderia ser um lar com instrução mais consistente. Isso faz parte de um projeto de país. Parece que o amor pelos livros não vem sendo muito cultivado. Hoje, as novas formas de aprendizado têm outro perfil.

A escola é que precisa mudar. Pelo que senti, em todos os meus anos de redação – e aí vão para lá de 50 –, os que chegam vêm com pouco conhecimento prático do que é o chão de fábrica do Jornalismo. Os mais interessados têm apenas uma leve noção a respeito. Assim, caberia às escolas dar um banho de realidade na vida desses jovens profissionais. E, para isso, é necessário ter mais realismo e menos fantasia.

Isso já acontece em várias partes do mundo. Desde a *Columbia Journalism School* até a *Amsterdam School of Communications Research*, que faz parte da Universidade de Amsterdã, considerada a melhor faculdade de comunicação pelo *ranking* universitário elaborado pela **Q**uacquarelli **S**ymonds – empresa britânica especializada na análise de instituições de ensino superior, e que criou o chamado *QS Ranking*.

Várias escolas de Jornalismo estão surgindo pelo mundo, mas é preciso ter bastante cuidado com elas. David Klatell, responsável pela área de estudos internacionais da *Columbia Journalism School*, alerta para o surgimento dessas escolas de Jornalismo porque, no fundo, elas são criadas por governos interessados em aplicar um verniz de liberdade de expressão ao que, na verdade, é um regime regulatório feito para coibir a imprensa livre.

O que se propõe aqui é vislumbrar a criação de escolas que estejam aptas a atrair um corpo de docentes capacitado e que consiga manter um currículo sem amarras ideológicas, com equipamentos modernos que possam realmente colocar o futuro jornalista diante do mundo. Assim, é preciso ter condições financeiras, um currículo robusto e moderno, liberdade de ação, professores eficientes e tecnologia de ponta. Difícil? Claro que é. Mas só assim poderemos ter um Jornalismo deste século.

Tudo cada vez mais rápido

Pode-se questionar: em que momento começou essa transformação? A história é antiga, cheia de mudanças rápidas e inesperadas, além de muito conhecida. Também é sabido que, no fim do século XX, as tecnologias de informação sofreram uma inflexão profunda, que levou a alterações complexas, a ponto de transformar os meios de comunicação de um modo geral – tanto no Jornalismo quanto na área da cultura e do entretenimento.

Foi um movimento paulatino, mas que ocorreu de forma consistente. Na medida em que as transformações tecnológicas iam acontecendo, o Jornalismo – ou a maneira de se fazer Jornalismo, que é o que nos interessa – também foi mudando. E os jornalistas, de maneira geral, são seres conservadores na essência. É claro que isso vem mudando com o correr do tempo, mas as transformações sempre foram recebidas com forte ceticismo e resistência. Elas, porém, inevitavelmente aconteceram e foram incorporadas – com certa má vontade – pelos profissionais.

Como a base do Jornalismo é a **desconfiança**, assimilar a internet foi difícil. Alguns jornalistas começaram a usá-la de imediato, sem preconceito, atirando-se de cabeça no invento. Logo, outros foram atrás, e hoje somam centenas, milhares os que usam e abusam das mídias sociais, na ânsia de captar o que pensa o mundo sobre os assuntos os mais variados e, muitas vezes, deixando lá suas próprias impressões, o que não podem fazer em seus veículos tradicionais.

O panorama é de mudança, dentro e fora das redações, nos jornais, nas revistas, nos telejornais. Mudança de postura, de linguagem, de apelo. Todos sabem disso. Quem não mudar, dança. Mas é difícil mudar, acreditar na mudança, no caminho certo. Como diz José Bonifácio de Oliveira Sobrinho, o Boni, ex-todo-poderoso da TV Globo – e por que não dizer da televisão brasileira? – durante 30 anos, em suas recordações de vida que explicitou em *O livro do Boni*:

> O caminho da televisão aberta, a meu ver, será, prioritariamente, o da notícia imediata, ao vivo, substituindo os telejornais burocráticos para os quais ainda são guardadas informações que já deviam ter sido transmitidas no ato[3].

Algum devaneio? Nada – acho é pouco. A televisão a cabo, ou por satélite, é muito mais ligeira do que a velha rede aberta, só que tem menos dinheiro. Tem mais inteligência e menos grana, mas isso vai passar, porque as assinaturas obrigatoriamente ficarão mais baratas, devido à concorrência, e o acesso ao cabo se tornará mais fácil. O universo da informação vai se expandir, e as redes tradicionais, se não mudarem a maneira de realizar suas tarefas, vão ficar "no sal". Seus níveis de audiência irão se diluir e terão de correr atrás. E essa realidade nunca esteve tão próxima.

A internet é que vem empurrando o Jornalismo para a frente. E não é de hoje. Os inventos sempre deram gás, uma luz nova ao Jornalismo. O jornalista Ethevaldo Siqueira, que se especializou em tecnologia e acompanha de perto os avanços científicos no mundo, há anos vem tratando do tema: a internet está mudando o Jornalismo.

---
[3] Oliveira Sobrinho, 2011, p. 458.

Como? Diz ele em seu *blog* "Mundo Digital", em 2013, que esses novos aparatos tecnológicos vêm criando uma espécie de "escola da democracia". "Com a abertura de espaços cada dia maiores à grande massa de leitores, caem os mitos, as ideias preconcebidas, os estereótipos maliciosos sobre a imprensa e sua função social, e sai de cena a atitude de alguns colunistas e editorialistas que se comportavam como verdadeiros donos da verdade", diz Siqueira[4].

E essa é a linguagem que vai nascer do encontro das novas tecnologias com o Jornalismo: não haverá mais a mídia unidirecional, ela será interativa, com a participação do leitor ou internauta. E aí, claro, temos as duas faces da novidade: 1) a colaboração, o debate interativo e positivo; e 2) o lado feroz de quem não respeita a opinião alheia e trata, de forma hidrófoba, a posição divergente como inimiga mortal.

Para chegarmos a esse ponto, o caminho vai se tornando mais veloz. Vamos começar por um período mais próximo, o século XX. Pela ordem natural das coisas, a cômoda situação da imprensa começou a mudar a partir do lugar onde deveria mesmo acontecer, os Estados Unidos, que sempre praticaram, nos tempos modernos, o Jornalismo mais avançado, em termos de linguagem mais direta – embora os norte-americanos não tenham criado o *lead*, como sempre nos foi ensinado, mas isso nós veremos adiante. Tinha chegado a hora de nos desvencilharmos dos velhos métodos de confeccionar jornais, que ainda tinham a mesma cara dos antigos panfletos de séculos atrás.

Um dos pontapés iniciais mais marcantes partiu do diário *Los Angeles Times*, que começou a utilizar, em 1962, fitas perfuradas para tornar mais ágil a composição em linotipos. Foi naquele mesmo ano que subiu ao espaço o Telsat I, satélite de comunicações que inaugurou a era dessas máquinas usadas especificamente para a mídia.

É dessa época, apenas sete anos depois, a transmissão ao vivo da chegada da missão Apolo XI à Lua. Foi um tempo de grandes transformações, no Brasil e no mundo. Estávamos emborcados na ditadura e apenas acompanhávamos de longe a evolução do mundo tecnológico. Antes de tudo, queríamos respirar liberdade.

Desde os anos 1950, as empresas jornalísticas procuravam se modernizar, variar seus produtos. Muitos jornais começaram a produzir

---

[4] Siqueira, 2010b.

publicações semanais, parecidas com revistas, com conteúdo geral. Assim, bateram de frente com as revistas tradicionais. A *Life* deixou de ser publicada em 1972; por aqui, morreram *O Cruzeiro* e *Realidade*, duas revistas que marcaram a vida dos brasileiros.

A tecnologia nas redações começou a aparecer timidamente a partir de 1973, com os terminais de computador. Os pioneiros foram *O Globo* e a *Folha*. A tradicional linotipia foi aos poucos sendo substituída pela fotocomposição. Um dos primeiros passos que mexeram com a vida dos jornalistas partiu do jornal norte-americano *Minneapolis Star*, e poucos de nós tomamos conhecimento disso: em sua redação, começou a ser testado um sistema de diagramação eletrônica, que enviava as páginas diretamente para a impressão.

Na área das mídias eletrônicas, a revolução explodiu a partir de 1980, com as transmissões da rede norte-americana Cable News Network (CNN), que em dez anos tornou-se a principal referência no Jornalismo internacional. A rede bombou pra valer em 1991, na cobertura ao vivo da Guerra do Golfo e suas balas traçantes, tornando famosos os jornalistas Peter Arnett e Bernard Shaw.

A bela história da CNN é contada em detalhes por Sidney Pike, que trabalhou 25 anos para Ted Turner, em seu livro *Nós mudamos o mundo*, no qual narra a ousadia de se criar um canal de notícias a cabo que permanece 24 horas no ar e que, sem dúvida, é o pai de tudo o que vemos hoje na área. A ideia foi tomando corpo aos poucos, usando o que havia de avançado naquele momento. No começo, o canal servia os Estados Unidos e a América Central, e só a partir de 1984 foi para o resto do mundo. Mudou a maneira de se fazer Jornalismo, ao vivo, "a quente" – um tapa na cara do planeta.

Apenas um ano depois, chegavam ao Brasil os canais internacionais de TV por assinatura, assim como a televisão a cabo e a internet.

Agora, a hora é outra. É a hora do digital, da alta definição, de tornar a imagem ainda mais nítida e real, e o Brasil mergulhou de cabeça na nova era, ainda que a passos de tartaruga. Embora a hora seja também da rapidez, da instantaneidade, do fato imediato, ao vivo, é isso o que se busca, o que sempre se buscou. Essa é a parte material, a parte das inovações, das bugigangas eletrônicas, tornadas essenciais no dia a dia dos jornalistas, e mais ainda dos telejornalistas.

Contudo, em termos de comportamento dos jornalistas, a postura deve ser a mesma. Ou melhor, tem de ser mais sensível, mais grave e delicada. O compromisso do profissional é com a verdade. Disso ele não poderá fugir.

Vamos ser claros: a cada ano, para não dizer a cada mês, surgem novos inventos, novas ideias tecnológicas – as feiras norte-americanas de tecnologia sempre trazem novidades incríveis –, mas o modo de se fazer Jornalismo continua o mesmo, rastejando atrás da modernidade. Não falo de conteúdo, pois isso sofre influências de todo tipo (a cara do patrão, o gosto do público, as tendências do momento, até os regimes políticos e o humor dos governantes), mas, sim, da forma de apresentar o produto ao público.

Não precisamos ir muito longe, é só ficarmos de olho em um evento chamado *Consumer Electronics Show* (CES), que acontece todos os meses de janeiro em Las Vegas. É o encontro anual e mundial dos que se interessam pelo que vai rolar no futuro, quando se fala de tecnologia de consumo. Isso acontece desde os anos 1970, e no evento já foram apresentadas ao mundo inovações como o videocassete (VCR), o *compact disc* (CD), o *digital video disc* (DVD), a TV de alta definição, *tablets*, *notebooks* e toda a parafernália que invadiu – e, até certo ponto, mudou – nossas vidas.

Muitos dos produtos revolucionários lançados nessa grande feira já nem existem mais. Mas a pergunta que se coloca agora é: qual dos novos vai morrer primeiro? E outra: o que vem por aí e que vai chacoalhar o nosso dia a dia? Em breve os interruptores de parede não vão existir mais, assim como as câmeras fotográficas são hoje produtos apenas para os apaixonados por esse invento do século XIX. Os *smartphones* acabaram com elas.

Mas nem os *smartphones* estão livres do fuzilamento digital. Já se fala, e não é de hoje, dos implantes reticulares, dos fones de ouvido implantados e de outras invenções, fazendo do homem comum o ciborgue imaginado em filmes de ficção. Enquanto isso, o Jornalismo continua seu pobre caminho de pouca criatividade.

Como já disse, o jornalista tem na sua raiz alguma coisa que o prende à tradição. É difícil sair dela. Mas estamos tentando, com as novas gerações. Será possível?

4

O futuro é o passado

...

O professor Thomas Pettitt, da Universidade do Sul da Dinamarca, inventou uma teoria tão polêmica quanto fascinante: a **teoria do parêntese de Gutenberg**, pai da imprensa. Um parêntese de cinco séculos. Por esse pensamento, a humanidade estaria voltando à transmissão oral de informação e conhecimento, como acontecia antes da invenção da imprensa, no século XV.

Ou seja, estaríamos seguindo rumo ao futuro, voltando ao passado, quando a comunicação era feita basicamente na base da conversa, da fofoca, do efêmero. Como são hoje as redes sociais e o tiroteio diário dos que têm um pensamento e acham que todos devem seguir a mesma cartilha – e de maneira pouco cortês, para dizer o mínimo.

O professor Yuval Noah Harari, em seu grande livro *Sapiens*, lembrou que nós, *Homo sapiens*, somos um animal social e que

> essa teoria da fofoca pode parecer uma piada, mas vários estudos a corroboram. [...] É tão natural para nós que é como se a nossa linguagem tivesse evoluído exatamente com esse propósito. [...] A fofoca normalmente gira em torno de comportamentos inadequados. Os que fomentam

os rumores são o quarto poder original, jornalistas que informam a sociedade sobre trapaceiros e aproveitadores e, desse modo, a protegem[5].

No século XV, o centro de interesse era o entorno do essencial, e a invenção de Gutenberg tratou de imprimir as verdades e difundi-las pelo mundo. Gutenberg quebrou isso. Tornou a palavra sólida, impressa, que podia ser lida e relida. Os novos meios de comunicação, as redes sociais, trouxeram a intimidade de volta. A palavra tornou-se líquida, passageira, para ser moldada, difundida e esquecida.

O Jornalismo seguiu o mesmo caminho, uma vez que tem como inspiração o mesmo princípio do livro: a matéria impressa. E pode estar aí a sua redenção ou o seu fim. Como disse o professor Pettitt em uma entrevista de 2010, para *O Globo*: como as pessoas preferem pensar em categorias de mídia, "a escrita é mais verdadeira que a fala; e a imprensa, mais verdadeira que um manuscrito"[6].

Para Thomas Pettitt, o futuro da imprensa é a saída digital. Poucos discordam disso. Ele acredita que logo, logo, os grandes jornais serão veiculados apenas nesse formato e antevê o sucesso dessa nova "imprensa", apenas na "reputação do mensageiro". Ou seja, tudo será uma questão de **credibilidade**. Quer dizer, os jornais terão de convencer as pessoas de que sua mensagem é a mais confiável e que vale a pena pagar por ela.

Em outras palavras, todos os jornais deixariam de ser diários para serem instantâneos. Já sentimos isso na pele. Será que podemos chamar os jornais digitais de "jornais"? Jornais são peças diárias, e os digitais mudam a cada minuto.

Pessoalmente, não acredito que jornais e revistas impressos estejam a caminho do fim tão rapidamente, apesar das mortes em sequência de vários periódicos importantes pelo mundo. Vai demorar um pouco, mas é inexorável. É a evolução natural das coisas, nesse mundo em que tudo muda em uma velocidade alucinante.

A televisão e o rádio também podem entrar nesse balaio. Muitos teóricos comungam a tese de que a televisão tem seus dias contados, como George Gilder, um dos mais respeitados especialistas quando

---

[5] Harari, 2017, p. 32.
[6] Godoy, 2010.

se trata do impacto das tecnologias da informação nas empresas e nas pessoas. Para ele, a era agora é do **telecomputador**. Em seu livro *A vida após a televisão*, de 1990, ele já previa as pessoas transmitindo suas próprias imagens em vídeo e acessando centenas de programas.

O **telecomputador** de George Gilder é o que seria a *smart TV* de hoje, porém superdimensionada. Diz ele em seu livro:

> Os telecomputadores serão capazes de evocar ou enviar filmes ou arquivos, noticiários e clips, cursos e catálogos em qualquer lugar do mundo. Quer oferecendo 500 canais ou milhares, a TV será irrelevante num mundo sem canais, onde você poderá sempre encomendar exatamente o que quiser e quando quiser e onde cada terminal terá o poder de comunicação de uma estação de TV atual[7].

Gilder é o que se pode chamar de visionário. Para ele, o computador vai substituir a televisão, no centro da sala.

A era da pequena notícia

Olhares mais atentos podem perceber, nos jornais e nas revistas, uma tentativa intuitiva de pegar o leitor pela informação lateral ou pelas notícias de bastidor, aquelas que não fazem parte da essência da informação, mas que podem dizer muito sobre ela. É isso que vem mais interessando o leitor – as colunas assinadas de informações "pulverizadas", que não dão manchete, mas aguçam a curiosidade. É muito mais interessante falar da amante do deputado, de sua riqueza e de seus negócios, das gafes do presidente, do que da votação de um projeto que provavelmente terá repercussão na vida das pessoas. Os exemplos são diversos.

É uma tentativa de prender o leitor, que vem dando certo, e pode ser o caminho para a sobrevivência. Reduzir o tamanho das matérias e das reportagens vem sendo, durante anos, uma proposta para liberar o leitor de textos grandes e cansativos, embora as grandes reportagens, bem escritas e atraentes, jamais podem ser deixadas de lado. Há exceções, mas podemos ver isso no dia a dia dos jornais: as colunas mais visitadas são as de pequenas informações.

---

[7] Gilder, 1996, p. 18.

A televisão também busca seus caminhos. Mas certamente vivemos **tempos disruptivos**, termo que virou moda, ou, para ser moderno: "viralizou", ficou popular nas redes. Ou seja, disrupção é algo que provoca uma alteração profunda, capaz de modificar uma tecnologia preestabelecida. A comunicação roubou o termo da eletricidade, da hidráulica, da tecnologia.

Disrupção é isso: algum invento que derruba criações consagradas. Não é preciso muito esforço para elencar um rol significativo de invenções que barraram outras e que impulsionaram os progressos da humanidade, em vários segmentos.

O jornalista, escritor e biógrafo Ruy Castro, em seu livro *A noite do meu bem: a história e as histórias do samba-canção*, cita, por exemplo, a inflexão que teve a música popular brasileira a partir de criações, como a gravação elétrica, que substituiu a gravação mecânica, que pedia um esforço descomunal dos pulmões e dos instrumentos para que a música fosse impressa.

Isso permitiu, nos Estados Unidos, por volta de 1925, que a música tradicional desse lugar a uma música mais intimista, o fox-canção. E deu chance para as criações de Irving Berlin e Stephen Sondheim. Isso mudou a história da música. O reflexo no Brasil foi semelhante, alguns anos mais tarde: o velho samba deu espaço ao samba-canção.

Não é preciso puxar muito pela memória para coletar exemplos. Caio Túlio Costa, em seu estudo sobre o novo modelo de negócio para o Jornalismo, cita vários deles, e fatalmente faltarão dezenas aqui: a telefonia móvel em relação à telefonia fixa; *smartphones* em relação aos computadores de mesa; a indústria da música, que passou do velho vinil – que volta, incentivado pela nostalgia – para o CD, que, aos poucos, sai de cena para dar lugar a outros inventos (os arquivos MP-3, que também se vão, os *downloads*, diretos da internet, e o *streaming*); o varejo *on-line* com relação ao varejo tradicional etc. Tudo isso é disrupção, que praticamente aniquila – ou coloca em segundo plano – o que veio antes.

Até que chegamos ao Jornalismo propriamente dito, tanto no item que trata da empresa, como no trabalho de conteúdo no chão da fábrica. É o que se pode chamar de **disrupção industrial**, mas que atinge diretamente o jornalista, que necessita se reinventar, tantas são as ameaças que o cercam.

Só que apenas sentimos o terremoto, não conseguimos ainda descobrir os caminhos para fugir dele. É o que o sociólogo polonês Zygmunt Bauman, falecido em 2017, chama de "interregno". O momento de hoje é quase um vácuo. Vivemos em um vácuo que remete a transformações fundamentais da comunicação.

Em seu livro *Babel: entre a incerteza e a esperança*, escrito em conjunto com o jornalista italiano Ezio Mauro, e em uma entrevista que deu em 2016 para *O Estado de S. Paulo*, Bauman explica:

> O 'interregno' significa que velhas maneiras de agir não dão mais resultado; contudo, as novas saídas ainda precisam ser encontradas ou inventadas. Ou: tudo pode acontecer, mas nada pode ser feito e visto com certeza[8].

Isso quer dizer que vivemos em um intervalo: **estamos entre o que deixou de ser e o que ainda não é**. É uma forma de juntar todos no mesmo balaio: uns com a experiência, outros com a criatividade e o manejo das novas tecnologias.

Nesse ponto, Bauman esbarra nas ideias do filósofo marxista italiano Antonio Gramsci, falecido em 1937. A ligação entre os dois é que o polonês participou do Partido Operário Unificado Polaco, comunista, durante a Segunda Guerra, para lutar contra os nazistas. Diz Gramsci: "A crise consiste precisamente no fato de que o velho está morrendo e o novo ainda não pode nascer. Nesse interregno, uma grande variedade de sintomas mórbidos aparece"[9].

Momentos incertos

De qualquer forma, o pensamento dos dois vale tanto para os jornalistas, que vivem momentos tensos nessa encruzilhada profissional, quanto para os empresários da área de comunicação, que vivem o dilema de conseguir um meio eficiente para manter seu negócio – e que tratarei em outro capítulo.

Diante dessas novas escolhas e de uma angústia generalizada, com pressões vindo de todos os lados – da economia, da competição aguda, da

---

[8] Rodrigues, 2016.
[9] Frase célebre de Antonio Gramsci, encontrada em várias referências. Entre elas, Gramsci, 2021.

chegada de novas tecnologias –, resta criar novas formas de comunicação e de linguagem, para captar o interesse do público. Assim, ficam várias perguntas no ar:

- Como sustentar os jornais digitais?
- Qual deve ser a nova fórmula para a apresentação de notícias e reportagens?
- E, principalmente, qual é o assunto importante e que mais interessa ao público, o que bate mais forte no seu coração e tem a ver com sua vida?

Na verdade, tudo isso nos leva às seguintes questões fundamentais: hoje, o que é notícia de interesse geral, e como ela deve ser apresentada?

O mundo e suas revoluções diárias têm levado a essas perguntas, que ainda não têm respostas concretas. Tudo vem seguindo o rastro dessas novas tecnologias. A TV não é a mesma, o carro não é o mesmo, nem a geladeira ou o fogão – temos a internet das coisas –, com tudo sendo controlado e guiado por satélite.

O ser humano é outro. Quanto a isso, não há novidade. Mas como a nossa área específica é o Jornalismo, cabem aqui algumas ponderações. O mundo geracional é hoje dividido em X, Y, Z, ou nos *baby boomers*, aqueles cidadãos nascidos pouco depois da Segunda Guerra Mundial – seres analógicos.

Eu, por exemplo, sou um *baby boomer* clássico, adulto antes dos anos 1990 e de formação absolutamente à base de livros. Sou do tempo do mimeógrafo, do papel carbono, da máquina de escrever, da fita cassete.

Nós, dos anos 50 do século passado, conhecemos os computadores tardiamente: não os conhecemos antes porque eles não existiam. Fomos atropelados pelas invenções, quando nossas preocupações eram outras, como, por exemplo, a busca pela liberdade de expressão aqui no Brasil. E continuamos atrelados aos nossos velhos costumes, aqueles que nos acompanharam durante toda a vida.

O conhecimento que chega aos nativos digitais – os que nasceram já neste século ou nos últimos anos do século XX – vem de outra forma e com outra velocidade. O vocabulário deles é diferente: aprendem línguas com as músicas, geografia com os videogames, e história com os documentários das operadoras a cabo ou via satélite.

Um estudo da União Internacional de Telecomunicações (UIT), citado pelo jornalista Caio Túlio Costa, em seu estudo sobre o novo modelo de negócio para o Jornalismo digital, afirma que, em 2012, "30% da população mundial (entre 15 e 24 anos) era formada de nativos digitais"[10].

Busco emparelhar o jogo. Porque existe outra categoria, batizada pelo cientista pernambucano Silvio Meira: os **analógicos digitais**. Eu me enquadro aí. São os que fizeram e fazem um esforço descomunal para acompanhar os avanços tecnológicos e para aprender como viver dentro deles. Estão nessa categoria todos os gênios da tecnologia mundial, que não "nasceram digitais", mas que estão ajudando a inventar esse novo mundo – como Bill Gates e Steve Jobs.

Acredito que, nessa primeira etapa, há a necessidade de que as três espécies convivam em paz. Uma ajuda a outra, já que os analógicos podem ser um pouco lentos nos novos processos, mas carregam em si uma educação mais consistente e conceitos mais sólidos – e, claro, mais experiência. Hoje, os digitais ainda são dirigidos, orientados, na maioria das vezes, pelos seres analógicos.

Somos líquidos

E por que digo tudo isso? Porque a transição é necessária, embora ela esteja ocorrendo muito mais rápido do que o esperado. O mundo digital é mais fluido, líquido, como classifica – e não canso de citá-lo – o professor Zygmunt Bauman em seu livro *Modernidade líquida*.

Diz ele que atualmente os conceitos, de certa forma, se ajustam às situações que se apresentam, como os líquidos se amoldam aos recipientes. Tudo é muito leve e rápido. Como o mundo do Snapchat, uma rede social de mensagens instantâneas, basicamente composta de imagens, que só pode ser usada uma vez. "A modernidade pesada foi a era da conquista territorial", diz Bauman. "Na modernidade líquida, mandam os mais escapadiços, os que são livres para se mover de modo imperceptível"[11].

Podemos citar aí os *"millennials"*, aquela geração imediatista, que não liga para o que vai acontecer no futuro, nem para a aposentadoria. São os jovens nascidos depois de 1981, que se preocupam com suas realizações pessoais – e com seus contatos nas redes – e dão pouca ou nenhuma importância às coisas que envolvem dinheiro. São esses os profissionais que mais atraem o mercado, mas que, ao mesmo tempo,

---

[10] Costa, 2014.
[11] Bauman, 2001, p. 153.

preocupam as instituições financeiras, já que não têm o mínimo interesse em poupar. E são esses mesmos que estão chegando ao poder e começam a incomodar as antigas chefias, expondo suas insatisfações e novas ideias para gerenciar as empresas.

Os "*millennials*", porém, já estão sentindo o peso de uma nova concorrência: a geração Z, nascida no começo deste século. É uma geração que vem expondo, a quem quiser ver, seus desejos e ambições – a convicção de que nada é perfeito (ou seja, não busca a perfeição) – e evita os rótulos tradicionais. É um novo público que chega, amparado por uma nova visão de mundo. Onde ficam nisso as velhas fórmulas, os ultrapassados meios de comunicação?

Ao mesmo tempo, aparece Bauman – ele não é tão novo assim, pois nasceu em 1925 e morreu em 2017 –, que levanta suas teses e seus pensamentos, mas não sugere nenhuma fórmula a seguir. Na verdade, o campo de invenções hoje está aberto. É onde entra o seu conceito de **vácuo**. É o momento típico para adaptações e criações.

E na TV, essa nova forma de fazer, de executar o trabalho, inclui a velocidade em que tudo é feito, em que tudo é levado ao ar. As notícias chegam mais rápido e aos borbotões, e tudo é colocado no ar, em geral e de preferência, ao vivo – "a quente", digamos, no calor do fato. E tudo é consumido rapidamente, de imediato, o que requer o uso de novas tecnologias, como também de uma nova linguagem por quem utiliza esses meios, seja o repórter, seja o apresentador de telejornal.

O jornalista é sempre o atrasado nessa história de inovação. Enquanto as grandes conquistas vêm e se vão, o jornalista fica apegado às suas tradições, ao bloquinho de mão, com saudade das velhas máquinas de escrever. É claro que falo dos velhos jornalistas, dos que nasceram logo depois da Segunda Guerra Mundial, como eu, que vêm lutando desesperadamente por uma atualização rápida. E esse jornalista sofre a concorrência brutal de quem parece ter nascido com as novas tecnologias implantadas no cérebro.

Talvez uma das maneiras, um dos caminhos para se buscar novas fórmulas de apresentar a notícia na TV, seja descobrir **o que é notícia hoje e qual é o público para essa notícia**. Mas a resposta para essa questão também é líquida, como um rio que passa à nossa frente: ela se renova a cada década, a cada dia, a cada instante.

5

A nova maneira de contar

• • •

Kira Goldenberg, antiga editora-associada da *Columbia Journalism Review*, começa um artigo que publicou em 2013, no número 4 da *Revista de Jornalismo ESPM*, da seguinte forma: "O texto jornalístico vive uma crise de identidade"[12]. Ela disserta sobre os caminhos que o texto de jornal deve tomar para se tornar mais compatível com os novos tempos. Conta ela que recebeu via *e-mail* do editor de mídias sociais da Reuters, Anthony De Rosa, a seguinte consideração:

> Precisamos repensar o formato do texto jornalístico e substituí-lo por algo que se assemelhe mais à internet e tire maior proveito da rede, em vez de simplesmente pegar o formato impresso e jogá-lo no espaço digital. Por que seguimos [com esse formato] depois de mais de uma década é, para mim, um mistério[13].

E os dois – Kira e Anthony – tratavam do texto impresso, de jornal, que, como todos sabem, é a mídia que mais resiste às inovações, que mais dificuldade tem de se adaptar a qualquer tipo de novidade.

---

[12] Goldenberg, 2013, p. 48.
[13] Idem.

Quanto mais tradicional é o órgão de imprensa, mais lenta é a sua adaptação. E isso não é crítica – é pura constatação.

Em um mundo cada vez mais veloz e cheio de maneiras diferenciadas de comunicação, com plataformas as mais diversas, o texto e o contexto dos jornais ainda tardam por aplicar novas narrativas ao seu modelo – que, por isso, vive uma crise há muitos anos, pressionado pela velocidade da internet e de todas as mídias sociais, que tomaram conta dos contatos sociais, dos diálogos entre as pessoas.

Não é à toa que tantos jornais – mesmo os tradicionais, centenários – estão morrendo. Muitos deles buscam uma transformação radical, passando apenas a manter edições digitais. Outros nem isso suportam. A comunicação via internet é mais fácil, rápida, direta e divertida.

Mas é claro que, apesar de resistentes, revistas e jornais impressos, quando comandados por visionários, por talentos inatos da comunicação, sempre foram atrás da modernidade, mesmo antes do fenômeno da internet e da invasão das novas mídias. Exemplos não faltam, e aqui me refiro apenas ao que acontece – ou aconteceu – no Brasil.

A fauna jornalística brasileira criou joias extraordinárias que revolucionaram o panorama do Jornalismo no país – e que continuam vivas até hoje, pelo menos na história e nos exemplos a dar. Colocamos aí o *Diário Carioca*, que introduziu o *lead* – um invento da metade do século XVII, como veremos a seguir, que procura responder às seis perguntas básicas no começo da notícia – na imprensa brasileira; a *Última Hora*, de Samuel Wainer; o *Jornal do Brasil*, *O Cruzeiro*, o *Jornal da Tarde*, a revista *Realidade* e tantos outros.

A bem da verdade, o responsável pela introdução do *lead* na imprensa brasileira tem nome e sobrenome: Pompeu de Souza, do *Diário Carioca* – jornal no qual ajudou a introduzir a chamada "pirâmide invertida" (técnica jornalística em que o conteúdo principal da informação é apresentado nos dois primeiros parágrafos) e a bolar um manual de redação –, jornalista que depois enveredou pela política e chegou ao Senado. Eu o conheci em Brasília, já senador e com bastante idade, mas com o mesmo entusiasmo de juventude. Um ser humano admirável.

Pompeu se compadecia seriamente da introdução dessa novidade, já conhecida dos norte-americanos. Na realidade, o *lead* ajudava o leitor, na medida em que sintetizava a reportagem, mas tolhia a criatividade do jornalista. Em um artigo de 1986, se penalizou por ter adaptado para o Brasil os *handbooks* americanos e introduzido um manual de redação com o conceito. Reconheceu sua "culpa" e negou que tenha sido sua intenção.

Mas a inovação do *lead*, como disse, é coisa bem mais antiga, nova apenas para o Jornalismo de meados do século XX, que ainda engatinhava.

Vejam como o nosso mundo jornalístico é primário: o *lead*, que é uma descoberta importante para os estudantes de Jornalismo, tem estudo pouco aprofundado nas faculdades. Tive contato com suas raízes não faz muito tempo, por indicação de Caio Túlio Costa, no livro *Ética, jornalismo e nova mídia*, no qual cita Tobias Peucer, o progenitor da teoria do Jornalismo. Foi Peucer o criador do tal *lead*, talvez casualmente, mais pela necessidade de sistematizar sua teoria no texto "Os relatos jornalísticos (*De relationibus novellis*)", que só fui encontrar integralmente na revista *Comunicação & Sociedade*, da Universidade Metodista de São Paulo.

No texto, Peucer, doutor em "periodística", desenvolve sua tese e, para organizar seu pensamento, ensina que,

> para ordenar relato [...] caberá ater-se àquelas circunstâncias já conhecidas que se costuma ter sempre em conta em uma ação, tais como a pessoa, o objeto, a causa, o modo, o local e o tempo[14].

Ou seja, **quem, quê, porque, como, onde** e **quando**. Estava criado o famoso *lead*.

Convenhamos, mudaram muito pouco os critérios para desenvolver os relatos de uma notícia em jornal e mesmo na TV. Claro, há tentativas heroicas, mas não passam de tentativas, muitas delas vitoriosas, mas que servem apenas de referências e bons exemplos.

Vamos aqui pôr uma pitada de história pessoal no molho.

Pessoalmente, eu participei de uma tímida tentativa de modernizar o centenário *O Estado de S. Paulo*, na década de 1970, quando se procurava dar um caráter mais moderno ao velho jornalão, vizinho de corredor do leve – e este, sim, inovador – *Jornal da Tarde* que, infelizmente, por todas as crises que vivemos, acabou morrendo. A "modernização"

---

[14] Peucer, 2000.

do *Estadão* também foi branda demais, e ele demorou a se tornar um jornal mais fácil de ser lido. Foram necessárias outras décadas e da chegada avassaladora das novas mídias. Hoje, o jornal se jogou de vez na internet e lá consegue acompanhar os fatos com maior agilidade, usando vídeos e uma linguagem mais enxuta, como pede a plataforma.

É que no *Estadão* dos anos 1970 estavam Clóvis Rossi, Ludenbergue Góes, Ethevaldo Siqueira, Oswaldinho Martins, Sérgio Motta Mello, Carlos Alberto Sardenberg, Gilnei Rampazzo, Antônio Tadeu Afonso, Carlos Conde, Sérgio Buarque de Gusmão, Marcos Fonseca – vindo de uma família de jornalistas, irmão de Ouhydes Fonseca, que ganhou comigo e com Carlos Manente um Prêmio Esso Regional sobre a expansão do município de Santos –, Carlos Manente, Fran Augusti, Ricardinho Kotscho, Raul Bastos e outros tantos excelentes jornalistas que brigavam intensamente para mudar a linguagem do jornal, para torná-lo mais aberto e livre, sem perder o foco no conteúdo, que, este sim, deveria continuar profundo e cada vez mais ácido e verdadeiro (vivíamos em uma ditadura militar).

Rossi, Raul e Góes inventaram um sistema para melhorar a interação das editorias e apelidaram o invento de "mesão", onde os editores se colocavam frente a frente e todos ficavam sabendo como seria o jornal do dia seguinte. Pude participar da execução do plano. Era uma maneira nova de se fazer jornal, com uma troca intensa de ideias sobre a edição e sobre os assuntos do dia. E isso era refletido na própria concepção das matérias.

Além disso, havia outra invenção: o *super-copy*. Eram os redatores que colocavam as matérias no tamanho correto, dentro da diagramação, mas que também podiam sair às ruas para fazer reportagens de acordo com os temas ligados à sua editoria. Por exemplo, quem era redator de "Política" poderia sair à rua (não necessariamente) e fazer matéria sobre a editoria. Apenas "Esporte", "Internacional" e "Economia" estavam fora do mesão.

A *Folha de S. Paulo* saiu na frente quanto à forma e mudou inclusive seu sistema de impressão antes do *Estadão*, o que causou um frenesi nos donos – e nos jornalistas – do velho diário. Morríamos de inveja e torcíamos pela impressão a frio (ou *off-set*) chegar rápido à Major Quedinho. (Pensávamos que isso iria facilitar o fechamento, mas o *deadline*, o prazo que se tem para concluir – ou fechar – o jornal do dia, ficou ainda mais apertado; quando ela chegou, foi uma frustração. Ninguém entendia por que uma forma mais moderna de imprimir pressionava ainda mais os jornalistas para o fechamento. Mas esse era o fato.)

Os revolucionários

Revolução mesmo tinha acontecido anos antes, mas não foi uma coisa repentina, foi um processo. Era o chamado *New Journalism*, que aqui ficou mais conhecido como **Jornalismo literário** e que revelou inúmeros talentos – jornalistas que conseguiram unir com sucesso o poder da notícia com um texto primoroso e inteligente, digno dos melhores escritores.

Nos Estados Unidos, a história começou com Lillian Ross (falecida em 2017), que passou décadas na revista *The New Yorker* e lá desenvolveu um estilo pessoal, que desencadeou a nova forma de escrever um relato jornalístico. E se ela deu o pontapé inicial, seus contemporâneos, tão talentosos quanto, foram às últimas consequências. São eles: Gay Talese, Truman Capote, Norman Mailer, Tom Wolfe, entre outros.

Gay Talese tentou explicar esse novo Jornalismo, no seu ponto de vista, no qual a imaginação permite intromissão na narrativa, se o jornalista quiser, que pode ainda assumir o papel de observador imparcial. E esclarece que, embora o texto não seja ficção, pode ser lido como tal. Mas que isso não pode distorcer a verdade dos fatos. É pura questão de estilo.

Como já citei páginas atrás, Talese é autor de uma antológica reportagem com Frank Sinatra ("Frank Sinatra está resfriado"), sem ao menos conversar com ele. Tratou da influência que o cantor tinha sobre várias pessoas e o que o resfriado que ele contraíra poderia causar a todas elas e à própria música, na medida em que Sinatra não podia cantar, gravar discos ou se apresentar em shows.

A reportagem foi publicada em 1965 na revista *Esquire*, e para sua elaboração Talese dedicou dois meses de trabalho, com méritos inegáveis. E esse é apenas um exemplo do talento de Gay Talese, especialista em buscar anônimos e fatos corriqueiros para compor seus textos.

Mas nem isso o livrou de várias críticas, tanto de jornalistas brasileiros como da própria Lillian Ross. Lillian costurava seus textos tomando como base somente os fatos, sem fugir deles. Para ela, os jornalistas que optaram pelo "novo Jornalismo" foram longe demais com a liberdade de escrever e, até mesmo, chegaram a descrever o que as pessoas pensavam.

O que Lillian queria dizer, traduzindo de maneira banal, é que fazer Jornalismo não é fazer ficção, mas que é preciso embalar bem o produto e não o separar da realidade dos fatos. Não inventar, mas tornar as novidades atraentes, para que o leitor tenha prazer em conhecer as informações corretas de maneira agradável.

Outro exemplo são os textos de Truman Capote, que tomou esse estilo de Lillian como seu, e produziu obras magníficas, como a famosa entrevista que fez com Marlon Brando – "O duque em seu domínio", publicada em novembro de 1957, pela *New Yorker* e que, passados tantos anos, ainda continua servindo de parâmetro para a elaboração de perfis de celebridades –, quando se embebedou durante horas, em um quarto de hotel, com o arredio Brando e de lá tirou uma reportagem brilhante. Também foi a partir dos ensinamentos de Lillian que Capote compôs seu romance *A sangue frio*, baseado em fatos reais e que se tornou um *best seller*.

Os exemplos brasileiros também são inúmeros e significativos, mas por aqui o sucesso geralmente fica circunscrito aos que exercem a mesma profissão. Quer dizer, o sucesso tem limites e eles são bem demarcados. Isso não impede de reconhecer que tivemos talentos geniais entre nossos profissionais. Basta mencionar novamente publicações como o *Jornal da Tarde*, o *Jornal do Brasil*, a revista *Realidade*, sem esquecer os velhos jornais, como o *Diário Carioca* e a revista *O Cruzeiro*, que foi editada de 1943 a 1975, chegou a tirar 750 mil exemplares e acolheu talentos, como Millôr Fernandes.

Antes de o *JT* e a *Realidade* causarem, o representante do *New Journalism* tupiniquim foi, sem dúvida, Joel Silveira, sergipano de Lagarto, que brilhou nos anos 40 do século passado na revista *Diretrizes*, de Samuel Wainer, e no *Diário da Noite*, de Assis Chateaubriand. Foi nesses veículos que ele expôs uma nova maneira de contar histórias no Jornalismo, em matérias como "Eram assim os grã-finos em São Paulo" e "A milésima segunda noite da Avenida Paulista".

Mais perto de nossos dias, tive o prazer e a honra de conviver na carrancuda redação do *Estadão* com um dos jornalistas mais especiais que a profissão já formou: Ricardinho Kotscho. Ele sempre foi a joia daquela geração, por seu texto limpo e fácil de ser lido e, principalmente, pelas informações que ia buscar – como todo bom jornalista (e temos vários), ele estava sempre no lugar certo e na hora certa.

Ricardinho ganhou três Prêmios Esso, mas não foi isso que o fez grande. Foram reportagens como a série "Mordomias", de 1977, que, além de colocar em circulação um termo pouco usual naquele tempo, desnudou os hábitos e os gastos de políticos e funcionários públicos, o que desagradou bastante os donos do poder na época. Foi brilhante.

Algum tempo antes, foi a vez do *Jornal da Tarde* e da *Realidade*. As duas publicações marcaram época e mudaram a cara do Jornalismo no Brasil. E por quê? Porque inovaram, trouxeram luz nova ao que se fazia no dia a dia, buscaram o popular com sofisticação, com bom gosto. Mais do que isso, com talento e inteligência. Mas não conseguiram manter a revolução de pé. *Realidade* durou dez anos (de 1966 a 1976); o *Jornal da Tarde* ficou vivo por mais tempo: 46 anos, até 2012.

Os esforços na TV

A televisão – que surgiu para o mundo em meados do século XX – é um ser mutante e precisa dessa mutação para atrair seu público. A tecnologia vem ajudando muito, melhorando a qualidade da imagem e criando efeitos especiais espetaculares. O conteúdo, durante todo o tempo de maturação da TV, é claro, sofreu desgastes com censuras e autocensuras. Mas pode-se perguntar: e a criatividade das reportagens?

O professor David Klatell, responsável pela área de estudos internacionais da *Columbia Journalism School*, relatou o seguinte em um artigo para a *Revista de Jornalismo* da ESPM, em 2014:

> É impressionante que na TV – onde, afinal, se trabalha há décadas com a 'tradicional' narrativa em vídeo, e onde existe a vantagem de contar com grandes equipes de cinegrafistas, produtores, editores e jornalistas profissionais – haja tão pouca mudança. Nela, o processo de gravação,

edição, narração e curadoria de vídeo há décadas segue praticamente inalterado[15].

No entanto, no tempo em que passei na TV Globo – e foram quase 40 anos –, houve tentativas. Ainda me lembro de Woile Guimarães (ex-*Realidade*, ex-*JT*), que era diretor-executivo da TV Globo de São Paulo, por volta de 1979, tentando convencer de que era preciso colocar uma trilha sonora nos VTs de reportagem – era preciso mudar alguma coisa, dar mais emoção à notícia. Woile tinha noção de quais eram os novos caminhos para tornar as reportagens mais atraentes, tanto que deixou o Jornalismo de lado e se jogou no trabalho de uma produtora de sucesso, a GW, onde pôde exercer toda a sua criatividade. E ganhar dinheiro.

Armando Nogueira, mais modestamente, também tentava adicionar algumas mudanças nas matérias. Certa vez, também lá pelo final dos anos 1970, ele propôs uma maior participação dos repórteres nas reportagens, na falta de uma tecnologia mais apropriada – talvez inspirado no exemplo dos norte-americanos do *New Journalism* e nas novidades que sempre chegam do exterior. E quando, em um relato no meio de uma reportagem, eu fiz um gesto incomum para a época – dei um passo e pus a mão direita na porteira de uma fazenda que escondia trabalho escravo, na expectativa de realizar uma condução diferente da matéria –, o diretor vibrou. Que barbaridade, quando se vê o que se faz hoje! A interação é bem maior. Embora exagerada, em alguns casos.

Mas a tendência, e o que precisa ser feito, é estimular o exagero, o inusitado, para que se chegue a um denominador comum. E só se conseguirá isso se forem utilizados todos os recursos que a tecnologia tem colocado nas mãos dos jornalistas, conhecidos por serem refratários a grandes "modernidades" – e esse talvez seja o ganho maior das novas gerações, que trazem um sabor novo, um ambiente novo ao Jornalismo, mas que sempre precisam ter a anuência dos mais antigos, que ainda comandam as redações.

Os maiores avanços que temos visto têm chegado via editoria de "Esportes". Talvez pelo modo peculiar, mais despojado e informal das reportagens, é por aí que acontecem os maiores avanços e experiências.

---
[15] Klatell, 2014, p. 14.

Na Olimpíada de 2016, pudemos assistir a reportagens bem ousadas e interessantes nesse sentido.

O *Jornal Nacional* da Rede Globo que, apesar de todas as dificuldades provocadas pela incessante busca de audiência – e, portanto, com temores extremos para ousar –, também tem apresentado grandes exemplos. Mas a cada dia que passa – e aqui vai um parêntese –, jornais, como o *JN* e tantos outros espalhados pelas diversas emissoras, já parecem velhos na hora em que vão ao ar, da mesma forma que os jornais impressos já estão velhos ao saírem das rotativas.

Na verdade, pela lógica, a ousadia deveria ficar por conta de telejornais menores, de emissoras menos comprometidas com ganhos de audiência, ou mesmo nos canais por assinatura. Mas é mesmo o *JN* que está saindo em busca das tecnologias, aprimorando o Departamento de Arte, a produção de matérias, um texto mais moderno e descontraído, assim como o uso intenso de novas ferramentas.

Mas é bem claro que nem o *JN* vai ao fundo da questão. Cria um cenário moderno e atrativo, gasta milhões de reais em uma câmera robótica – que a BBC já usava no começo dos anos 1980, embora com outra tecnologia –, usa e abusa de cenários virtuais, mas quando o apresentador chama a reportagem, ela vem na velha forma que lembra Tobias Peucer, de 1690 – ou seja, não se ousa, não se usa, ou se usa pouco, a linguagem que as novas tecnologias nos oferecem.

O Jornalismo brasileiro

O próprio Boni esclarece – em *O Livro do Boni*, na parte que trata de Armando Nogueira e da criação do *Jornal Nacional* – que a televisão brasileira não é cópia da televisão norte-americana. "[...] Só que eles equacionaram muitos problemas antes de nós e superaram vários desafios que só enfrentamos muito mais tarde, como, por exemplo, a implantação de um telejornal de rede"[16].

Isso não quer dizer que devemos ficar sempre atrelados, na cola do que eles fazem por lá. É verdade que, no começo, as matérias dos telejornais brasileiros seguiram à risca o formato das norte-americanas: **abertura** (o jornalista aparece, digamos, para apresentar a matéria

---

[16] Oliveira Sobrinho, 2011, p. 239.

– o que praticamente foi banido, mas não há regra sobre isso), *off* (a narração em si, com imagens do fato), *sonora* (pequena entrevista), **passagem** (quando o jornalista aparece na tela, assina a matéria e amarra a reportagem), *off* **e encerramento** (um vocabulário que aos poucos foi assimilado pelos jornalistas de televisão, e depois modificado, pela própria evolução da comunicação).

O repórter abria e fechava o VT, fazia uma passagem e gravava a narração (o *off*) na cabine da emissora. Esse era o padrão. Depois, veio a grande mudança: as matérias tinham sempre de começar em *off*, com imagens, e o repórter aparecia apenas uma vez na matéria – em tese. Esse profissional, se homem, deveria estar, em geral, de terno e gravata. Hoje, gravata só nos salões da Esplanada – e, às vezes, nem isso. Um avanço.

Esse padrão é seguido até os dias atuais. Ocorreram poucas mudanças, inclusive no tom das reportagens. **As matérias de hoje pecam pela monotonia, como se fossem uma música única, em que apenas a letra muda**. É uma toada monofônica, "sincopada", de dar a notícia, onde tudo parece muito igual, até mesmo os pontos de respiração, os parágrafos, as pausas para se completar a frase. E como a TV Globo é ainda a emissora que serve de modelo às demais – até porque boa parte dos profissionais que trabalham nas demais emissoras já passou por lá –, o tom é idêntico.

O uso de tudo o que as tecnologias nos dão hoje e que vai ao ar ainda é material frio, em grandes (ou pequenas) reportagens que exigem tempo e produção delicada. No dia a dia, nas entradas ao vivo, essas novas técnicas ainda são bastante raras. Para ser mais claro: enquanto as empresas que investem em tecnologia não cansam de pensar em avanços, o texto que acompanha as reportagens de televisão segue sempre os mesmos padrões. E esses avanços vão além da televisão, a ponto de Tom Rogers, diretor-presidente da TiVo, pioneira dos DVRs (gravadores digitais de vídeo), dizer que "a televisão ficou para trás", se levarmos em conta os avanços de *tablets* e *smartphones*.

O *Digital News Report 2017*, estudo realizado pelo *Reuters Institute*, em parceria com a Universidade de Oxford, mostra que 70% dos brasileiros usam dispositivos móveis para acompanhar notícias, sendo que 23% usam o telefone celular para se manterem bem informados.

Assim, é preciso encontrar um caminho para juntar os avanços da tecnologia com um texto compatível com essas inovações, com essa nova postura dos consumidores. Um exemplo disso – que é apenas uma pequena parte da questão – foi levantado pelo diretor da S2 Publicom, Rubens Meyer, durante um *workshop* em São Paulo. Disse ele:

> O Jornalismo *on-line* ainda não aprendeu uma coisa básica do vídeo, que é o ritmo. Muita gente fala da duração, mas esquece que um vídeo tem que ter emoção, ritmo e vários ingredientes que tornam esse produto um sucesso[17].

Certamente essa observação pode ser estendida com tranquilidade às matérias apresentadas pelos telejornais.

De qualquer forma, atualmente se exige mais do repórter, que ele tenha mais interação com o fato, o que já foi tentado várias vezes ao longo do tempo. Como disse anteriormente, Armando Nogueira tentou até a reportagem participativa, quando o repórter realmente se integrava ao clima da matéria. Mas é preciso se libertar das amarras do conservadorismo e partir para a ousadia da reportagem. No estúdio, ficariam os traquejados, os profissionais de maior credibilidade; na rua, o atrevimento da juventude; e nas grandes reportagens, os experientes jornalistas.

Quando Boni diz que não imitamos os telejornais norte-americanos, explica também que estes deram o primeiro desenho e nós evoluímos, abrasileiramos. É o mesmo pensamento do jornalista Carlos Eduardo Lins da Silva, que passou anos nos Estados Unidos, como estudante e profissional, que escreveu o livro *O adiantado da hora*, em que retrata a influência dos norte-americanos sobre o Jornalismo brasileiro.

Diz ele:

> O Jornalismo brasileiro é brasileiro, não no sentido xenófobo que os nacionalistas pretendem, mas porque em nenhum outro lugar a síntese dos muitos fatores que o compuseram se daria da maneira como se dá ali. O Jornalismo brasileiro não é o americano no Brasil. É o brasileiro[18].

---

[17] Martins, 2012.
[18] Lins e Silva, 1990, p. 33.

O mesmo se pode dizer do Jornalismo praticado na televisão, que segue o pensamento de Boni. É claro que, hoje, há gente que busca dar um novo ar, uma nova graça, à fórmula das reportagens. E hoje, mais do que nunca, fazer uma matéria significa não estar sozinho, isolado: é um produto coletivo, no qual entram – ou deveriam entrar – a pauta (que é quem produz), a direção de arte, o chefe de reportagem, o repórter, o cinegrafista, o editor de imagem. Isso para as reportagens "frias", não ao vivo, mais produzidas. O ideal é que o processo se estenda para o "ao vivo", mas o caminho ainda é longo.

Na realidade, os repórteres mais elaborados, que conseguem desenvolver uma linguagem diferente na produção gravada, viram repórteres comuns, até mesmo banais, quando estão ao vivo. Aliás, quem faz ao vivo com frequência, exatamente pela constância, pelo treinamento, é muito melhor nas investidas. Este é quase um livre atirador – e só não é totalmente porque, atrás dele, há uma infindável cadeia de profissionais que comandam o processo do *switcher* (a mesa operadora que coloca a imagem no ar): mas a cara que está ali é a dele.

Esse "no ar", ao vivo, é, ao fim e ao cabo, a forma mais clara da morte do papel na informação. O repórter capta a informação apenas pelo ouvido, ou grava, ou lança no *tablet*, e daí passa ao telespectador o que conseguiu apurar ao vivo, pela TV, sem intermediação da caneta ou do bloco de notas. Mas percebam aí que há um tempo entre receber e passar a informação: o processo pela internet, pelas redes sociais, ainda é mais rápido, mas a tendência é que esse tempo se reduza.

A timidez tem sido a marca dessas mudanças. Na maior empresa de telecomunicações do país – bem como nas demais empresas – sempre houve o cuidado de não chocar demais o telespectador com mudanças bruscas, que impactassem. Quando isso foi praticado, a emissora se deu mal. Há alguns anos, a Globo afastou seus repórteres mais experientes para dar lugar apenas a novatos, a caras novas: a audiência do *Jornal Nacional*, por exemplo, despencou, e os experientes voltaram. Quando se substitui um titular, o cuidado deve ser grande.

Afinal, o que mudar?

Com tantas inovações tecnológicas, cabe a pergunta: o que deve mudar na forma de se dar a notícia? As câmeras são mais modernas, digitais, os equipamentos de edição são mais sofisticados, as possibilidades são infinitas, mas o tom do repórter é sempre o mesmo – e isso com respeito à forma. O conteúdo – e os tempos pedem isso – deve ser mais profundo, mais verificado. Assim, o que deve mudar é a **maneira de apresentar as ideias**, mais de acordo com o que as tecnologias apresentam de mais novo.

Depois que saiu da Globo, em 1998, Boni passou a dar entrevistas com mais frequência e, nelas, expôs tudo o que acredita ser a melhor cara da televisão. Critica tudo, das novelas ao Jornalismo. Boni é o pai da forma, do padrão da televisão brasileira. Por isso, ele vai mais longe quando se trata do que acontece na seara que foi sua durante décadas. Em entrevista a certa revista de entretenimento e fofocas, Boni fez uma crítica ácida aos novos modos de apresentação de telejornais – principalmente à nova postura do *Jornal Nacional*, sua maior criação – sempre lembrando que a chamada das reportagens é a introdução ao que se vai apresentar. Ele não gosta, por exemplo, da informalidade que hoje toma conta da maior parte dos telejornais, como o apresentador caminhar no cenário e conversar com o repórter do outro lado da tela. Para ele, a credibilidade fica comprometida – os telejornais, principalmente o *JN,* são instituições.

Do mesmo modo funciona o diálogo pretensamente informal entre os apresentadores, que fingem conversar um com o outro, quando todos sabem que eles estão presos ao *teleprompter* e a um texto que em geral não é deles e que é posto ali para controlar o tempo do jornal e dar ritmo à apresentação.

Na verdade, isso é somente um detalhe, mas um detalhe que apenas embasa a tese do artificialismo, ao usar a tecnologia para se produzir uma perfumaria. A linguagem continua a ser a mesma. É o mesmo pecado das novelas: falta um bom roteiro, já que, com relação ao conteúdo, estamos conseguindo expor nossa crua realidade, nossos usos e costumes, com mais profundidade, graças à democracia, à liberdade de expressão.

Algum idiota da objetividade vai se levantar e falar: **o que vale é o que podemos dizer**, não a forma do material. Justo. Esse "o que podemos dizer" vamos conseguindo aos poucos – e já andamos muito nessa estrada –, depois de amplas batalhas contra a ditadura, contra a censura, contra as decisões autoritárias. Somos mais livres e – ainda bem – também podemos pensar na forma. E a maneira de transmitir a notícia faz parte dela, como sintetizou McLuhan.

É preciso que a cara das matérias seja mais atual, mais de acordo com o terceiro milênio, e não com textos que lembram o início do século XX. Ou seja, é preciso editar melhor as matérias e as ideias, comprimir o espaço, dar mais velocidade à notícia e selecionar aquilo que realmente interessa. Dar cores diferentes ao material, sem deixar de transmitir o essencial, com uma pitada de interpretação e de imaginação. O papel do produtor e do editor é, assim, cada vez mais relevante.

Isso vale tanto para o Jornalismo impresso como para o que se desenvolve na internet e na TV – aberta ou fechada. As grandes transformações, sem dúvida, deveriam ficar por conta dos jornais impressos, das revistas. São mídias mais antigas e, por isso, a reciclagem é fundamental e necessária. Se não, acontece o que vem acontecendo: a morte de grandes jornais e revistas de lendas do nosso tempo. Ou você acompanha os tempos modernos ou morre.

Quantos jornais e quantas revistas não ficaram pelo caminho? Nos Estados Unidos, de onde a imprensa brasileira tirou a base de sua inspiração, eles vêm morrendo aos montes, em proporções amazônicas. E não são jornais pequenos, de pouco fôlego. São grandes jornais, históricos, tradicionais. É uma migração sufocante do escrito para o virtual e para a televisão. Uma falta completa de renovação e, de certa forma, uma arrogância de quem sempre se achou a "rainha das mídias".

O curioso é que essa crise se instalou em países em que o sistema de comunicação impressa é desenvolvido, moderno. Mas o fenômeno acontece de maneira diferente, dependendo muito das culturas e das tradições. Nos Estados Unidos, a crise é mais aguda. Mas na Europa ela também é grave. E, tomadas as proporções, aqui na América Latina ela vem igualmente forte, com nuances e características próprias.

Há uma corrida talvez até um pouco sem direção por parte dos responsáveis pela administração dos principais jornais, que procuram um público que não sabem bem onde está. Jornais como *O Globo*, *Folha* e *Valor Econômico* apostam em versões digitais de seus impressos no afã de manter seus assinantes. A *Folha* usa até mesmo o portal de internet UOL, do qual participa, para facilitar suas adesões. *O Estado de S. Paulo* oferece gratuitamente a seus assinantes a versão digital do impresso. Já se fala que a revista *Veja* poderá ter o mesmo fim da *Newsweek* norte-americana, que acabou se tornando apenas digital – e de lá para a morte. Mas a direção da revista está atenta e já disponibiliza três modelos de assinatura: impressa, digital ou as duas juntas. Faz tempo que o *Jornal do Brasil* é apenas digital, mas já não é nem sombra do que foi – sem público, sem prestígio.

A vida em papel

Nos anos 1970, quando comecei a trabalhar na profissão, o jornalista ainda era um ser marginalizado, e suas armas de ataque – ou melhor, de defesa – eram um bloco de papel (muitas vezes, folhas soltas ou laudas do próprio jornal) e uma caneta esferográfica. Alguns, mais ousados, não tinham nada: funcionavam apenas com a própria memória, nada anotavam e fotografavam com seus cérebros privilegiados os fatos que mais tarde iriam narrar.

Nas redações, as notícias chegavam por vários caminhos: telefone, telex, pelas agências noticiosas internacionais, por *press releases* e, claro, pela informação dos repórteres, espalhados pelas cidades, pelos estados, pelo mundo, quando eram funcionários de jornais mais abastados. Eram rios de informações, e todas eram lidas, avaliadas, separadas, e depois editadas e publicadas. Mas tudo isso era muito pouco, se compararmos com o volume espetacular e a velocidade alucinante com a qual a informação invade atualmente as redações, por vários caminhos, mas basicamente pelos computadores.

Hoje, confesso, não sei como conseguíamos fazer um jornal diário com tanta falta de estrutura – se formos comparar com a enxurrada de informação que temos nos dias atuais. Não tínhamos a concorrência feroz da televisão, e muito menos a da internet. A velocidade da vida era outra, embora o trabalho fosse tão intenso, ou mais, do que os dias de hoje. Do conhecimento da pauta ia-se à luta, à cata de informações, que depois se transformavam em laudas – ou fitas ou filmes –, eram lidas e ditadas, passavam por redatores, editores, iam para a oficina (a quente, com as linotipos pegando fogo) e, por fim, para as máquinas de impressão.

O processo atual é pouca coisa diferente, a não ser pelas novas ferramentas e pelas informações já organizadas pelo repórter antes de sair da redação. O volume de informação que se tem antes de fazer uma matéria é muito maior, graças ao dilúvio que a internet proporciona e a uma rede eficaz de comunicação que os jornais possuem. Existe o telefone celular, cada vez mais sofisticado, e um aparelho chamado Nextel, em desuso. O máximo de comunicação, quando saía com a pauta nas mãos, era um rádio barulhento no carro de reportagem, pelo qual o chefe rastreava o repórter e passava alguma instrução.

Hoje, o repórter só fica desatualizado em seu trabalho se quiser. E o que se tem? Fora o iPad (com *touchscreen*), que destronou o bloquinho e agora manda notícias quentinhas direto para a redação, para o *blog* ou para a edição digital do jornal, um mundo de *gadgets* municia o jornalista para seu trabalho cotidiano. A parafernália não é pequena e é basicamente formada de aplicativos da internet, para melhorar o desempenho do profissional.

Os jornalistas mais novos tratam as novas tecnologias com intimidade. Navegam fácil por todos os novos métodos de produção da notícia. Só que – embora tenham belos instrumentos de auxílio – falta a eles a experiência que os jornalistas mais velhos já adquiriram na interpretação das notícias. É, de fato, um choque de gerações. Na verdade, é um cenário no qual se pode vislumbrar uma transformação na maneira de se transmitir a notícia. Mas também se nota o seguinte: atualmente, a informação é apresentada a seu cliente preferencial, como acontecia há anos.

Esse é o "pulo do gato". Diante de tantas mudanças e alternativas que temos hoje, não sabemos como manejar a captação e a distribuição da notícia de maneira também nova – digamos, até revolucionária. Talvez seja esse, na verdade, o grande desafio do Jornalismo atual. Claro que existem algumas tentativas no ar. Mas não passam de tentativas tímidas, frágeis e medrosas.

A rapidez da tartaruga

Os telejornais da noite, por exemplo, são enormes paquidermes, que seguem formas ultrapassadas, com textos antiquados e posturas do começo da história da televisão. Não adianta mudar o cenário, com telões e caminhadas – isso é um avanço, claro, mas para por aí. Há um temor intrínseco ao risco, à ousadia, porque qualquer mudança poderia espantar o público, o que significaria uma fuga do canal, do horário e, como consequência, daria menos audiência, menos publicidade etc. Por isso, vivemos correndo atrás do futuro, que segue desembestado à nossa frente – quilômetros à frente. As novas tecnologias estão sendo mal utilizadas e estão a anos-luz da maneira de apresentar uma notícia que elas captaram de forma tão diferente.

Em seus livros, Boni admitiu que a forma de se fazer Jornalismo na televisão nasceu nos Estados Unidos. Correto. Armando Nogueira, que, junto com Boni e um grupo de aventureiros, implementou o Jornalismo na TV Globo, tentou moldar essa forma aos padrões brasileiros. Depois, Armando inventou que os repórteres teriam de se mexer, de andar, até de participar da matéria, interagir com o assunto. E isso foi lá pelos anos 1980.

Hoje, as mudanças terão de vir por força do avanço da tecnologia. O que se vê nas matérias comuns dos telejornais, em uma proporção que chega a quase 100% de todas elas, é uma mesmice irritante. O roteiro das reportagens de hoje parece muito semelhantes.

Explico. A construção das matérias de TV segue o mesmo padrão há décadas, inclusive a entonação dos repórteres, com raras e honrosas exceções. Hoje se busca que o repórter interaja mais com o fato, o que é um avanço, mas o tom das matérias é o mesmo, soa como repetição cansativa e como falta de imaginação. Uma cantilena monótona na qual é difícil decifrar de quem é a voz, de tão igual que todas são. Alguns já tentam quebrar isso, mas com timidez infinita.

Uma nova linguagem também pode trazer o tempero fundamental para um entendimento mais divertido, sem abandonar a finalidade básica da reportagem, que é levar a informação ao público, da melhor maneira possível. Isto é, sem que se perca a realidade dos fatos, mas que essa apresentação esteja de acordo com o veículo em que a notícia é transmitida.

Não é possível sustentar a forma como as notícias vêm sendo veiculadas, ao mesmo tempo que vivemos em um mundo cada vez mais mergulhado em tecnologias inovadoras, que tornam tudo mais rápido, que unem mais as pessoas, que descobrem novos mundos, tudo de forma instantânea, limpa e eficaz.

Falta o dedo da **criatividade** e de um passo mais largo para festejar o fim do parêntese de Gutenberg, que acaba de se fechar.

6

O *Bom Dia Brasil*

...

Boni relata no primeiro de seus livros, o esclarecedor *O livro do Boni*, como foi o complicado nascimento do *Jornal Nacional*. Esse tem história! (Aliás, me deu muito orgulho a dedicatória que Boni me presenteou em seu livro, no dia do lançamento: "*Ao amigo Carlos Monforte, inspirador do Jornalismo de qualidade, do qual sou fã de carteirinha, e espero ainda estarmos juntos para enfrentar os desafios do futuro e verdadeiro Jornalismo*".)

O nascimento do *Bom Dia Brasil* foi menos dramático que o do *JN*, mas não menos emocionante. Foi fundamental para a minha vida, um divisor de águas. E um exemplo marcante da passagem das eras – para mim e para os telejornais matutinos. Primeiro, porque eu estava trabalhando em São Paulo, instalado, levando minha vida com minha mulher, Maria Ignez – também jornalista –, e meus filhos Flávia e Sérgio, ainda pequenos. Mudou tudo. Tive de sair de São Paulo de mala e cuia, me transferir para Brasília, fazer um cavalo de pau nos rumos da profissão. Mas foi muito bom. (Armando Nogueira, toda vez que me encontrava, sempre pedia desculpas por ter me enviado para Brasília, porque, segundo ele, isso fez com que eu deixasse escapar algumas oportunidades na emissora.)

A ideia de criar um *Bom Dia Brasil*, no final de 1982, início de 1983 – inspirado certamente na experiência vitoriosa do *Bom Dia São Paulo* – foi de Antonio Carlos Drummond, que, na época, era diretor de Jornalismo da TV Globo, em Brasília. Toninho tinha um time de jornalistas do mais alto gabarito, gente que há anos tinha política no sangue, experiente, alguns brilhantes. Ele queria, na verdade, dar mais visibilidade a esses jornalistas, colocar um deles no comando do novo programa, que teria o foco basicamente na política nacional, no centro do poder. Também queria, claro, aumentar seu cacife dentro da emissora.

E não eram poucos os candidatos ao posto de editor-chefe e apresentador: Carlos Henrique Santos, que era o chefe de redação e tinha passado por *Veja*, provavelmente o preferido de Toninho; Antônio Britto, que mais tarde seria o porta-voz da agonia de Tancredo, depois deputado, ministro e governador do Rio Grande do Sul; Álvaro Pereira, que almoçava e jantava política; Ricardo Pereira, que foi correspondente em Londres, chefe do escritório, diretor da Telemontecarlo na Itália, e dirigente da Globo Portugal; Marilena Chiarelli, especialista em política externa; Fernando Guedes e Wilson Ibiapina na retaguarda, entre tantos outros.

Mas o caminho que Toninho seguiu para convencer a direção da Globo talvez não tenha sido o mais correto. Ele expôs sua ideia (que muitos dizem ter sido, na verdade, de Antônio Britto) – criar um telejornal pela manhã, aproveitando o momento de abertura política, com as primeiras eleições diretas para governador – diretamente a Boni, que adorou e pediu que Armando Nogueira, o diretor nacional de Jornalismo, ou seja, chefe de Toninho, tomasse as providências e criasse o jornal. Armando não gostou da quebra de hierarquia, mas foi cumprir as ordens de Boni.

No entanto, para surpresa de Toninho, seus planos não aconteceram do modo planejado. O diretor de Jornalismo de Brasília havia acabado de participar com seu elenco das eleições de 1982 (com o polêmico *Show das Eleições*, que causou tremores nos puristas: "eleição é coisa séria, não um show de televisão", pensamento conservador que é uma bobagem completa), que deram início prático à abertura política no país, com a eleição geral de governadores e uma renovação monumental no Congresso. A partir daí, sua ideia começou a tomar forma.

Armando tocou o projeto, a sugestão de Toninho, e foi buscar em São Paulo um jornalista que tinha 13 anos de profissão – a maior parte em jornais impressos –, apenas quatro – intensos – anos de telejornalismo e pouca experiência na área política, além de ser distante da equipe do próprio Toninho. Ou seja, eu. Minha experiência de Brasília era praticamente zero, e foi a partir dessa marca que tive que iniciar meu trabalho – um trabalho muitíssimo delicado e sutil para não ser engolido pelas cobras do Congresso, procurar isenção e não errar nas avaliações.

Talvez a ideia de Armando ao sugerir meu nome tenha sido pelo fato de eu ter comandado, como editor-chefe e apresentador, o *Bom Dia São Paulo*, pai de todos os *Bom-Dias*, durante um ano e meio, e ter tido, junto com Carlos Nascimento e Sérgio Chapelin, um desempenho razoável no tal *Show das Eleições*, um programa de experiência inesquecível.

Não fui o primeiro apresentador do *BDSP*. Antes, estiveram na apresentação vários jornalistas, como Celene Araújo, Sérgio Roberto, Dárcio Arruda, Marcos Hummel e até mesmo, por alguns momentos, Marília Gabriela. Mas eu fui o primeiro a ser editor-chefe e apresentador, obra de Dante Matiussi e Luiz Fernando Mercadante, dois jornalistas que tiveram um papel fundamental na consolidação do Jornalismo da TV Globo de São Paulo. Foi deles a ideia de colocar o chefe do jornal como apresentador, então uma novidade na televisão brasileira. Por isso, muitos me consideram o primeiro âncora do Jornalismo da TV brasileira. Esse fato jamais tinha acontecido: anteriormente, o apresentador era apenas apresentador.

A mudança principal foi estética. Antes, o *Bom Dia São Paulo* fechava a imagem praticamente em close no rosto dos apresentadores e fazia "pingue-pongue" com eles: cada um lia uma notícia e chamava as matérias. Com o novo *Bom Dia*, abriu-se o cenário: a bancada ficou maior e havia apresentadores que mostravam as mãos, com tarefas bem divididas – eu fazia a abertura, as entrevistas de estúdio e as passagens de bloco, e abria os blocos do jornal. Dácio Arruda lia as notícias. O fundamental é que eu tinha um editor-executivo da mais alta qualidade: o saudoso Ricardo Carvalho, que chegou a chefiar o *Globo Repórter*; depois, ele se tornou documentarista e biógrafo de d. Paulo Evaristo Arns e do maestro João Carlos Martins, além de ter começado a escrever a biografia do jurista José Carlos Dias.

Os frutos do *Bom Dia São Paulo*

O certo é que o *BDSP* me proporcionou experiências incríveis, primeiro por ter me obrigado a mudar meu fuso horário – acordar sistematicamente às 4 da manhã e mergulhar no estresse diário não é fácil, e essa prática eu levaria por mais 12 anos, com o *Bom Dia Brasil*; depois, por ter me proporcionado a responsabilidade de comandar um telejornal completo – com uma pequena, mas bela e vigorosa equipe. Em televisão, ninguém faz nada sozinho.

E mais: por ter me concedido a chance de conviver por alguns momentos com jornalistas que eram meus ídolos desde sempre, como Paulo Patarra, Narciso Kalili, Mylton Severiano da Silva e Woile Guimarães. Profissionais que tinham sido a minha fonte inspiradora no começo da profissão e que trouxeram à luz a melhor revista de reportagem que o Brasil já produziu (*Realidade*) e que, agora, estavam sob minha direção. Era inacreditável. (Mercadante traria para a emissora mais gente da extinta *Realidade*, como José Hamilton Ribeiro, uma lenda.)

Esse grupo de jornalistas, que podemos considerar um dos mais talentosos que passou pelo Jornalismo brasileiro, era também composto por Humberto Pereira, Granville Ponce e Eurico Andrade, todos eles com carreiras fascinantes e que marcaram a história do Jornalismo nacional. Realmente, foi um privilégio poder conviver, ou pelo menos ter contato com esses profissionais, embora por pouco tempo. Certamente eu aprenderia muito mais.

Cheguei a dizer a Dante Matiussi, chefe de redação, que eu me sentia constrangido de pedir qualquer coisa para Patarra ou Narciso – que, depois, virou chefe de reportagem da Globo-SP –, porque nunca me senti à altura daquele pessoal, que tinha sido do núcleo da revista que me inspirou a tomar os rumos da profissão. Eles estavam ali por iniciativa de Mercadante, que havia sido companheiro deles na grande revista da Editora Abril e via nessa indicação uma oportunidade de aprimorar o telejornalismo, bem como dar a ele a qualidade de que tanto precisava. O objetivo era importar para a TV a qualidade da revista.

Mas logo saí do *BDSP* e voltei para a reportagem. Em seguida, vieram as eleições de 1982 e fui designado a apresentar parte do programa dedicado às eleições, com Nascimento e Chapelin, como disse. Também foi um momento inspirador e rico, quando tomei contato com os políticos que marcariam aquele início de retomada da democracia no país, além de assistir à delicadeza e à responsabilidade de montar um programa sobre política em um regime com ainda pouca liberdade, e que quebraria alguns tabus.

Um desses tabus foi o questionamento, ao vivo, da suposta interferência da TV Globo, por meio da empresa Proconsult, no incipiente sistema informatizado de apuração de votos para governador do Rio de Janeiro. Leonel Brizola, candidato (vencedor) a governador do Rio, e Armando Nogueira discutiram no ar, ao vivo. O episódio foi estressante e sensacional, rendeu matérias e debates durante meses, assim como gerou livros a respeito.

Por toda essa experiência adquirida ao longo de alguns anos, Armando provavelmente considerou que eu seria o nome ideal para inaugurar o *Bom Dia Brasil*, em Brasília, contrariando os planos de Toninho Drummond. Não foi fácil. Primeiro, porque fui lançado em um terreno hostil, dentro de uma equipe muito tarimbada, que estava mais do que pronta para fazer o que eu iria executar. Mas, nesse quesito, não houve problemas porque, embora frustrados, os jornalistas com quem me deparei eram – e são – profissionais íntegros e competentes, e logo viram que eu não tinha nada a ver com aquela situação constrangedora. (Aliás, eu realmente de nada sabia.)

O que havia, no fundo, era uma disputa entre Armando e Toninho. Tanto que um dos recados que Alice-Maria – a então diretora-executiva de Jornalismo – me deu, antes que eu chegasse a Brasília, foi: sobre o jornal, fale diretamente com Afrânio Nabuco, o diretor regional da emissora; essa foi uma indicação clara para eu nada tratar a respeito do *Bom Dia* com Toninho Drummond, o dono da ideia. A chamada "saia justa", que eu só perceberia tempos depois.

Afraninho Nabuco, grande e gentil pessoa, descendente de famílias importantes da República e do Império, e figura de proa da sociedade carioca, era o principal homem da TV Globo para as relações com o poder. Tinha a confiança de toda a família Marinho e era quem colocava em prática o que a direção da emissora – leia-se Roberto Marinho – desejava. Ele fez uma amizade profunda com Ulysses Guimarães e atuava fortemente para aliviar o mau humor que os políticos tinham – sempre tiveram – com a TV Globo.

Na verdade, minha preocupação não eram as disputas de poder dentro da emissora – aliás, eu não tinha a menor ideia de que elas existiam. Minha atenção estava toda voltada para a criação e a montagem do jornal – porque iríamos partir do zero – e em colocá-lo no ar, sem a infraestrutura adequada. E mais: com a ideia central de "custo zero" no projeto, o que é impossível. A decisão de se criar o jornal surgiu no dia 18 de dezembro de 1982 (logo depois do *Show das Eleições*); no dia 3 de janeiro de 1983, ele entrava no ar.

Segundo problema: Brasília não era uma estação de ponta da Globo – tinha dificuldade inclusive de entrar ao vivo, mesmo no estúdio, por sua deficiência técnica. Naquele tempo, em Brasília, as condições eram precárias, como quase tudo no telejornalismo da emissora. Exemplo: em meados de 1982, quando em São Paulo eu dividia a apresentação do *Jornal da Globo* com Renato Machado, que ficava no Rio, Marilena Chiarelli fazia o mesmo em Brasília. Muitas vezes ela não conseguia ir ao ar, mesmo do estúdio, por problemas técnicos. Agora, iríamos pôr no ar, para todo o país, um telejornal ao vivo, às 7 da manhã.

Foram duas semanas de sufoco: Ricardo Carvalho, aquele que por quase dois anos havia feito o *Bom Dia São Paulo* comigo, mais Ingo Ostrovski, que anos depois chegou a ser diretor de Conteúdo da *Conversa com Bial*, e Letícia Muhana, que depois tornou-se diretora-geral do canal GNT. Quebramos a cabeça para montar um espelho, o roteiro do programa, e apresentar o trabalho a Alice-Maria, que veio do Rio só para colocar o programa no ar. No fim, foi a própria Alice quem desenhou, com sua experiência e competência, a primeira cara ao jornal, e que ficou assim praticamente em seus 13 anos de vida em Brasília, antes de se transferir para os estúdios do Rio.

O desenho era básico, o oposto da nossa proposta, que tinha sugestões mais ousadas, com várias matérias. Não tínhamos pessoal nem equipamentos para isso. O cenário foi montado na emissora, no Rio de Janeiro, e trazido de caminhão para Brasília. O sinal do satélite que partia de Brasília era precário. Nossa equipe, apesar da promessa de receber ajuda de todos, era formada por apenas cinco pessoas: o editor-chefe e apresentador, três editores – um deles era o jornalista Ronaldo Duque, que depois montou uma produtora e realizou seu sonho de se tornar diretor de cinema – e um produtor. Havia também um rádio-escuta, função que durou apenas alguns meses.

O *BDB* inicial, com meia hora de duração, tinha quatro blocos: no primeiro, as notícias da noite anterior, as capas de jornais e a previsão meteorológica; no segundo, uma entrevista de estúdio sobre o assunto do momento no Congresso – de preferência o que ainda seria notícia; no terceiro, o "café da manhã" – um VT gravado às 5 e meia, na casa de um entrevistado, ou em um hotel; e, no quarto, outra entrevista no estúdio. Ou seja, tudo muito econômico, quase o tal custo zero. A ousadia era colocar isso no ar logo pela manhã, em um horário inexplorado.

Os temas eram basicamente política e economia, tudo o que de melhor – ou de mais inusitado – o Congresso estava discutindo ou viria a discutir. Armando Nogueira queria que o jornal fosse a segunda tribuna do Congresso, uma vez que vivíamos o começo da abertura política, ainda sob as asas tenebrosas da ditadura militar. Mas eu confesso que, diante de tanta precariedade, até hoje não sei como conseguíamos pôr um programa de informação no ar, em uma época pré-internet, pré-computador, e, na sede de Brasília, com uma insuficiência técnica absoluta. O jornalista rádio-escuta foi contratado para levantar informações básicas. Além disso, aproveitávamos muitas informações do último telejornal diário da emissora, o *Jornal da Globo*.

Portanto, os primeiros dias foram difíceis, mas gratificantes. Não havia o hábito do horário, nem do público, nem dos que trabalhavam na emissora. Não tínhamos uma equipe de reportagem própria, e o nosso pequeno *staff* era realmente pequeno. Estávamos em 1983 e não havia nada que lembrasse a parafernália técnica que existe hoje, muito menos *smartphones*, *laptops*, telas de LED enormes para mostrar o tempo etc. Além disso, o próprio cenário minimalista dava uma pista da época: no centro da mesa de entrevistas havia um enorme telefone vermelho, fixo, analógico – que, aliás, eu cheguei a usar diversas vezes para entrevistar autoridades em várias partes do país.

Tudo era precário, do *teleprompter* ao homem do tempo. O TP era manual, rodado por um assistente, mas o princípio era o mesmo usado nos Estados Unidos, com um jogo de espelhos em frente à lente da câmera. A previsão meteorológica era apresentada ao vivo, do próprio estúdio, com um mapa de madeira preso à parede, inventado pelo pessoal da criação, com a presença do diretor do Instituto Nacional de Meteorologia (Inmet).

As câmeras eram antigas e pesadas, tanto que, em pouco tempo, depois que deixei o programa, resolveram fazer uma reforma no estúdio e reforçar o piso, para que suportasse tanto peso. Contudo, logo chegaram câmeras mais modernas, embora o TP eletrônico tenha chegado muito tempo depois.

Apesar de tudo isso, o *Bom Dia Brasil* começou a fazer sucesso. Tornei-me o ponto de atração dos políticos assim que eu colocava os pés no Congresso – eles faziam fila para dar entrevista, mesmo em um horário pouco normal. Mas lá estava ele, o político, em cadeia nacional, falando para seu público, em todo o território brasileiro. E não havia um dia sequer em que, terminado o programa, não houvesse uma legião de repórteres ansiosos para conversar com os entrevistados do dia, muitos deles de difícil acesso. Para ser verdadeiro, era o "Jornalismo sem papel" andando na frente do Jornalismo impresso. E o segredo não era apenas tratar do que havia acontecido no dia anterior – estampado na capa dos jornalões –, mas projetar o dia que estava nascendo, o que seria assunto político no país.

O mais dramático, no entanto, era o isolamento quase completo que eu sentia quanto à direção da Globo. A cada mês, eu procurava ir ao Rio de Janeiro, sede da emissora, buscar elementos ou uma palavra que me acalmasse com relação às melhores condições para o programa, trocar ideias, buscar novos caminhos... Mas parecia que tudo deveria continuar como estava: um jornal de entrevistas, de estúdio, entregue àquelas condições mínimas e básicas para ir ao ar. Eu sabia que não fazia parte do grupo estrelado de apresentadores e, como eu, o *Bom Dia* era um marginal, um patinho feio dentro da emissora. Nem ao menos consegui a colocação de um relógio na tela, na hora do programa, o que hoje chega a ser corriqueiro nos telejornais. A má vontade era imensa.

Com tudo isso, a tensão era tanta, pela responsabilidade de um jornal diário, com estrutura precária e pouca disposição para mudanças, que tive um episódio de estresse pouco depois de o programa completar oito anos. Não consegui ir ao ar, não conseguia falar, travado por uma taquicardia gigantesca. Como já narrei anteriormente, uma repórter que apresentava o jornal comigo – naquele dia, Claudia Miani –, tomou meu lugar. E eu fui direto para o pronto-socorro.

Acredito que tive, naquele momento – e constato isso agora, depois que se passaram tantos anos –, a tal *síndrome de Burnout*, que é o ponto máximo do estresse profissional. Os sintomas são fadiga, cansaço constante, dor muscular e de cabeça, irritabilidade, alterações de humor e de memória, dificuldade de concentração, depressão. Casos mais graves podem levar ao consumo de drogas e álcool, e até ao suicídio. Foi provavelmente a mesma síndrome que afetou, não faz muito tempo, a jornalista Izabella Camargo, que fazia a previsão do tempo nos telejornais da madrugada na TV Globo.

Quando o *Bom Dia Brasil* completou nove anos, pedi para sair. Fui ser diretor de Comunicação na CNI. Voltei para a emissora dois anos depois, como repórter. Em 1996, o *Bom Dia* foi para o Rio – sob o comando de Renato Machado, que algumas vezes me havia substituído nas férias, quando eu chefiava o jornal – e eu voltei a apresentá-lo de Brasília, junto com Renato, do Rio, e Chico Pinheiro, de São Paulo.

A invasão da madrugada

O *Bom Dia* foi uma boa ideia, como eu disse, inspirada no programa que já existia há anos em São Paulo, o *Bom Dia São Paulo* – este, é claro, como o próprio nome indica, foi motivado pelo norte-americano *Good Morning America*, mas sem o grande aparato que existia por lá –, que muitas vezes serviu de experimento para algumas novidades, como a transmissão ao vivo das ruas, com uma unidade móvel mostrando o trânsito da cidade; nesse trabalho, o jornalista Carlos Nascimento foi um mestre. Também no *Bom Dia São Paulo* foi usado o conceito de editor-chefe e apresentador na pessoa de um único jornalista – e eu servi de cobaia. Deu certo, tanto que aplicaram a mesma noção no *Bom Dia Brasil*. (Em 2022, no fechamento deste livro, a Globo tem apenas dois apresentadores que também chefiam seus jornais: William Bonner, no *Jornal Nacional*, e Roberto Kovalick, no *Hora Um*.)

É curioso acompanhar a evolução do *Bom Dia São Paulo*, que tinha apresentação fechada nos locutores e aos poucos se abriu, ampliando a forma de se mostrar. Passaram por lá nomes importantes do Jornalismo brasileiro, como Ruy Barbosa, Rodolpho Gamberini, Juarez Soares e Fausto Silva, mas foi com a mudança de endereço da emissora que o *Bom Dia* se soltou e carregou toda a tecnologia de que dispõe na capital paulista. Na verdade, o crescimento do telejornal correu em paralelo com o aparecimento das novas tecnologias.

Mas é evidente que, mesmo que os telejornais locais tenham mais "liberdade" para usar essas tecnologias, são as emissoras fechadas, como a GloboNews, que mais abusam delas. Por isso trazem as informações mais quentes, mais imediatas, para seu público. Ou seja, quem está ligado nas TVs por assinatura fica informado mais depressa, sem necessidades estéticas, que são a alma das plataformas mais recentes, filhas da internet. Ou seja, até mesmo as TVs por assinatura estão perdendo terreno para a colossal invasão dos *smartphones* e *tablets*, que têm no sangue o DNA da instantaneidade. Para o bem ou para o mal.

O telejornal matutino, transmitido de Brasília para todo o país, foi um desbravador do horário, como já havia sido o *Bom Dia São Paulo* – hoje em dia, o maior Ibope das manhãs da TV Globo, sempre comandado por jornalistas de primeira. E logo de cara, em 1983, o *BDB* foi um sucesso, mesmo que muitos temessem por seu redundante fracasso. Além disso, revelou jornalistas importantes, como Ana Paula Padrão, que virou celebridade; Fábio Pannunzio, até pouco tempo antes repórter e apresentador da TV Bandeirantes; Marcelo Netto, que depois chegou a ser diretor regional de Jornalismo da emissora; Mirian Dutra, Fernando Luz, Cecília Maia e vários jornalistas que tiveram no *Bom Dia* o ponto inicial de suas carreiras.

Todos os políticos queriam participar do programa. Nos nove anos em que comandei direto o *Bom Dia* – e mais três como apresentador coadjuvante –, realizamos mais de 6 mil entrevistas. Depois, quando passou a ser ancorado do Rio – um erro de estratégia da direção de Brasília, que deveria ter brigado para segurar o jornal na capital do país –, a cara do *Bom Dia* mudou. As entrevistas de estúdio foram abolidas ou escassearam, sumiu o café da manhã gravado, mas em compensação o telejornal ganhou mais músculos, mais gente, mais tecnologia, mais equipes. Virou outro jornal, quase uma revista. Mas, hoje, é um produto como outro qualquer.

Por que eu digo que o jornal deveria ter ficado em Brasília? Porque daria à emissora da capital um papel de cabeça de rede nacional, um jornal com transmissão direta do centro do poder, além de criar um núcleo maior de profissionais, ter mais equipamentos e um crescimento mais rápido da área de *design* gráfico, que sempre foi precária em Brasília. Além, claro, de mais verba, um problema eterno.

Mais uma vez, porém, contou a decisão política e o jornal foi transferido. Na longa conversa que tive com Boni, ele fez uma autocrítica e confessou que, a certa altura, a direção do Jornalismo se arrependeu de ter criado o programa:

"Quando fizemos o Bom Dia Brasil, achamos que estávamos longe da cúpula da empresa e que não haveria esse tipo de pressão e, se houvesse, haveria como contorná-la, na medida em que você teria um programa bastante aberto e que não haveria um controle absoluto sobre isso. Mas chegamos, a certa altura, a nos arrepender de ter criado o programa, quando sentimos, por causa da repercussão, que havia pedidos para que determinadas pessoas pudessem dar seu recado no programa, que havia interesse da empresa que outras não aparecessem. Não contávamos com isso. Foi uma surpresa. Foi um pecado que o programa cometeu por ter feito sucesso"[19].

O fato é que o programa ganhou o horário e, por esses motivos políticos – muitas vezes, tive de atender a pedidos do Rio para entrevistar determinado deputado ou senador, porque havia interesse – foi embora para o Rio de Janeiro. Lá ganhou corpo, dinheiro, um belo cenário, uma boa produção, mais profissionais e se tornou mais informal do que já era, quando tratava apenas de temas mais pesados, apesar de serem de interesse nacional. Mas a atitude precursora entrou para a história da televisão brasileira, e eu me orgulho de ter participado dessa empreitada jornalística, e de até hoje ser reconhecido como profissional sério e isento.

O que nem Toninho, nem Boni, nem Armando foram capazes de prever é que, apesar de ter ido ao ar da maneira como foi, produto de uma boa ideia, mas mal engendrada, é que do *Bom Dia Brasil* iriam germinar frutos tão saborosos. E o fato de o jornal ter conquistado para sempre um horário rejeitado na televisão brasileira. Tanto que, hoje, o Jornalismo da TV Globo – e de outras emissoras – começa o dia em horários jamais pensados: o primeiro telejornal da manhã tem início às 4 da madrugada.

---

[19] Trechos de uma longa conversa (gravada) que tive com Boni, em 2001.

A história no dia a dia

O *Bom Dia Brasil* viveu momentos importantes da história do país. No tempo em que o jornal era feito com base em entrevistas, passaram pelos estúdios da TV Globo em Brasília as principais figuras da política e da economia do país naquele momento. Personagens que fizeram parte da guinada sensacional que o Brasil deu, depois da ditadura. Entrevistei Ulysses Guimarães, Tancredo Neves, Teotônio Vilela, Brizola, Lula, Collor, José Sarney – inclusive como presidente, ao vivo do Palácio da Alvorada –, Fernando Henrique, Paulo Maluf, Franco Montoro, Pedro Malan, Maílson da Nóbrega, Mário Covas, Aureliano Chaves, Dílson Funaro, Delfim Netto, e uma infinidade de políticos, economistas e celebridades que faziam as manchetes dos jornais, em momentos importantes da história do país.

De quebra, o *Bom Dia Brasil* – e tenho a impressão de que nem se pensava nisso – pôs em prática para valer na televisão nacional outra invenção norte-americana, o *anchorman*, ou âncora. Como diz o nome, o âncora é o que serve de apoio ao noticiário, chama as praças, as reportagens, faz comentários, entrevistas, comanda o jornal e é também seu editor-chefe. Boris Casoy, logo em seguida, aplicou o mesmo esquema no SBT. Aliás, pouco antes de Boris, eu havia sido convidado pelos jornalistas Luiz Fernando Emediato e Marcos Wilson para ser o apresentador do *Jornal do SBT*, mas não quis sair naquele momento da TV Globo. Boris brilhou, criou um personagem e fez história.

O jornal também desempenhou um papel interessante no movimento das Diretas Já, em 1984. Cobrimos o movimento da melhor maneira possível, dentro das condições que tínhamos. Eram entrevistas pontuais e imagens quentes, assim que a Globo passou a cobrir os comícios com intensidade. Em determinado momento, Ulysses Guimarães, por exemplo, viajou a noite toda de Belém para Brasília e, às 7 da manhã, estava lá, ao meu lado, contando como tinham sido as manifestações pró-Diretas no Pará.

O momento mais crítico aconteceu na véspera, no dia e no dia posterior à votação da Emenda Constitucional Dante de Oliveira, que poderia ter levado, já em 1984, o país a ter eleições diretas em todos os níveis. O presidente João Figueiredo decretou as chamadas "medidas de emergência", que vigorariam por 60 dias e abrangiam o Distrito Federal e municípios próximos à capital.

O que eram essas medidas? Compunham um conjunto de normas que determinavam que o Exército assumiria o controle da segurança pública durante o período de votação da Dante de Oliveira pelo Congresso, com vigilância em todas as vias de acesso a Brasília, e proibia as manifestações de rua. E aí entravam os meios de comunicação: as rádios e emissoras de TV ficavam impedidas de transmitir ao vivo as sessões de votação da emenda das Diretas.

Ficou decidido que o *Bom Dia*, nos dias de votação, teria de sair de Brasília para ir ao ar. Fretamos dois aviões pequenos – um, com a equipe de produção e edição; outro, com os entrevistados (os deputados Fernando Lyra, líder do PMDB, e Moreira Franco, líder do PDS) – e fomos para os estúdios da TV Globo em Belo Horizonte, de onde fizemos o programa de improviso, uma vez que a Globo de BH – como todas as outras que integravam o sistema Globo, fora a RBS – não tinha nenhuma estrutura naquele momento.

Os dois outros programas tiveram transmissão de São Paulo, que já tinha a estrutura do *Bom Dia São Paulo* e era uma praça mais habituada com o horário. Ou seja, não deixamos de ir ao ar em nenhum momento e levamos as informações que consideramos essenciais aos telespectadores. Demos, inclusive, o resultado da votação – a derrota das Diretas – logo nas primeiras horas da manhã. Não havia ainda internet nem, claro, redes sociais. Cumprimos nossa missão, apesar de todos os obstáculos que encontramos – a equipe pequena, a censura, as condições precárias. Hoje, com todos os horários explorados, com os hábitos modificados e com tecnologias de ponta, o panorama é outro.

E que panorama é esse? A fórmula do *Bom Dia Brasil* está desgastada – não pela fórmula em si, mas pelo momento tecnológico em que vivem o Brasil e o mundo, pelos hábitos de um novo público. Devido às novas tecnologias e à nova maneira de se atualizar, o público tem optado por instrumentos de informação mais ágeis. Daí, a queda vertiginosa da circulação dos jornais impressos e da audiência dos telejornais formais, com hora marcada. O público quer a notícia agora, ao vivo, e de preferência sobre assuntos que lhe digam respeito o mais perto possível.

Na verdade, não tem cabimento tratar em um jornal da manhã de assuntos que já foram revirados e comentados nos telejornais da noite, nos jornais digitais, nos sites de notícias e nos telejornais da TV a cabo. Cheira a mofo. No *Bom Dia Brasil* dos anos 1980, nós procurávamos pelo menos noticiar o que seria notícia no dia. Saíamos antes, não a reboque. Éramos pauta e informação. Era Jornalismo na veia, ao vivo, sem papel, mas com papel relevante na informação.

7

Os perigos da TV
...

Desde que foi criada, a televisão tem feito a festa dos estudiosos, principalmente de psicólogos e de gente que acredita que entende de TV. Esses profissionais desenvolveram várias teses a respeito da influência da televisão na vida de adultos e crianças, desde a chance de ficarem obesas até aumentarem seu índice de agressividade. Mas, é claro, muitos acreditam que assistir televisão pode ser uma atividade benéfica.

Os pesquisadores do Instituto de Medicina da Academia Nacional de Ciências dos Estados Unidos, por exemplo, divulgaram, no fim de 2005, um relatório recomendando que as autoridades iniciem campanhas de orientação sobre alimentação saudável. No estudo, o Instituto afirma, de forma enfática, que os programas infantis de TV e seus personagens estão contribuindo para uma epidemia de obesidade sem precedentes entre as crianças norte-americanas. Os estudiosos pedem que se acabe com o anúncio de produtos, como cereais açucarados, que mostram embalagens com o Shrek e outros personagens infantis. Eles acham que os personagens devem incentivar o consumo de alimentos saudáveis. Uma das pesquisadoras disse ao *New York Times* que não há como negar a responsabilidade da mídia, principalmente a TV, sobre as preferências alimentares das crianças de até 12 anos.

Ainda nos Estados Unidos, pesquisadores da Universidade Columbia, em Nova York, fazem um apelo: é preciso reduzir em uma hora diária o tempo que os adolescentes passam diante da TV. Eles chegaram à conclusão de que, enquanto 5,7% dos adolescentes que viam até uma hora de TV por dia, aos 14 anos, cometiam atos de violência, a proporção subia para 18,4% com audiência de até três horas, e chegava a 25,3%, com três horas ou mais em frente à televisão[20].

Outro estudo, da Universidade de Washington, publicado em meados de 2005 pelo jornal *Archives of Pediatrics and Adolescent Medicine*, da Associação Médica Norte-Americana, mostra que crianças com menos de 3 anos de idade que assistem à televisão podem desenvolver problemas de aprendizado no seu desenvolvimento. Por outro lado, completa: a atividade pode ser benéfica entre os 3 e os 5 anos. Foram observadas 1.797 crianças. Nas crianças entre 3 e 5 anos foi identificado um efeito positivo no teste de leitura. As maiores, expostas à TV por cerca de duas horas, apresentaram dificuldades para ler e aprender Matemática[21].

Uma pesquisa do Fundo das Nações Unidas para a Infância (Unicef), de 2002, chegou à conclusão de que 48,69% dos jovens têm a TV como uma das principais opções de lazer, o que levou Paulo Henrique Bertolucci, chefe do setor de neurologia do comportamento da Universidade Federal de São Paulo, a concluir que "é possível falar em vício de televisão"[22].

Já a psicanalista Ana Cristiana Olmos afirma que não sataniza a TV. "Ela pode ser maravilhosa e desempenhar funções importantes na educação formal. Pode propor debates sobre questões sociais e políticas e agregar valores. Mas tudo depende do uso que se faz dela"[23].

Outros especialistas alegam que televisão em excesso pode prejudicar a visão, se não for assistida de uma distância adequada; enfraquece os músculos, já que prende o indivíduo por muito tempo na poltrona; e, principalmente, embota o pensamento, uma vez que sua programação

---

[20] Lopes, 2012.
[21] BBC Brasil.com, 2005.
[22] Mena, 2002.
[23] Idem.

não premia a inteligência. Convenhamos, há um tanto de exagero em tudo isso.

Os estudiosos de *marketing* político, por outros motivos, fazem idêntico alerta: cuidado com a televisão em excesso. Ela estimula a vaidade, dá uma sensação ilusória de poder, abre a intimidade das pessoas e expõe suas fraquezas. Também aí há certo exagero. A exposição na tela é necessária para todo homem público. A TV nasceu para ser divertimento e, só depois, tornou-se uma máquina de propaganda, de divulgação, de difusão de ideias. Mas jamais deixou de ser entretenimento.

Do ponto de vista político, são diversas as vozes que se levantam contra o suposto enorme poder da televisão. O filósofo Karl Popper, em seu livro *Televisão: um perigo para a democracia*, é taxativo:

> Numa democracia não deveria existir nenhum poder político incontrolado. Ora, a televisão tornou-se hoje em dia um poder colossal; pode mesmo dizer-se que é potencialmente o mais importante de todos, como se tivesse substituído a voz de Deus. [...] Nenhuma democracia pode sobreviver se não se puser cobro a esta omnipotência[24].

O Jornalismo ocupa a tela

Os perigos da TV não estão presentes apenas de dentro para fora do vídeo. As ameaças constantes que o veículo sempre experimentou partem, com prioridade, de fora para dentro. Desde o *Radio Act*, de 1927, nos Estados Unidos, que na verdade buscava a regularização técnica das emissões – que tinham virado uma bagunça. Passando pelas censuras moralistas ao cinema, até a censura às telenovelas pela ditadura brasileira e as investidas governamentais com a Lei da Mordaça – já em governos democráticos –, os meios de comunicação sempre viveram espremidos entre o glamour do espetáculo e o temor dos governantes maliciosos. Tem sido muito difícil para os dirigentes políticos segurar a sanha do autoritarismo, mesmo em governos que se dizem populares, progressistas. O discurso da transparência sucumbe diante da dita "irresponsabilidade da mídia e dos promotores".

---

[24] Popper; Condry, 1999, p. 29-30.

O Jornalismo se apropriou da televisão, como temos visto em diferentes momentos, em tempos de guerra ou nos dramáticos momentos em que vivemos, no meio de uma pandemia. Foi durante a Guerra do Golfo que pela primeira vez assistimos a uma batalha ao vivo. Muitos, porém, ainda acreditam que o limite da TV é apenas a diversão. Talvez seja seu lado risonho. Não há uma estatística séria a respeito, mas supõe-se que boa parte dos brasileiros se alimenta de informação diária unicamente pela televisão.

As classes sociais menos favorecidas é que seriam mais atraídas por ela, por ser a opção mais barata e um veículo que une o som e a imagem, o que não é proporcionado pelo rádio. No cardápio de produtos oferecidos, além de shows performáticos, programas de humor duvidoso, novelas lacrimejantes e noticiários cada vez mais completos, estão também a política, o debate eleitoral, as coisas que podem fazer o telespectador decidir entre um e outro candidato, ou entre um e outro partido, em uma eleição. Na verdade, as pessoas que ainda estão distantes de outros meios de comunicação ficam sabendo, por meio da televisão, **como** as coisas acontecem. O **porquê** é outro estágio da informação.

Os perigos da televisão, portanto, podem estar menos no seu destino final, que é a casa do telespectador, do que no momento da emissão, no estúdio. Seja na televisão aberta, a cabo, por micro-ondas, ou via satélite. Se um sinal está aberto para difusão, ele pode ser captado por qualquer antena, se não estiver protegido por alguma senha. É um sinal aberto no ar – e seja o que Deus quiser. Nos intervalos, a TV fica aparentemente fora do ar, mas o satélite continua aberto, e as imagens e sons podem ser captados por quem tiver uma antena parabólica.

Muitas histórias aconteceram justamente nos intervalos de programas, ou pouco antes que fossem ao ar, causando embaraços e constrangimentos a seus personagens – tanto ativos como passivos. Foi o caso do ex-presidente norte-americano Ronald Regan, que, para fazer um teste de áudio, em um estúdio, antes de uma entrevista, disse, em uma brincadeira de mau gosto, que iria soltar uma bomba na União Soviética – naquele tempo, o país ainda existia. Foi uma gafe extraordinária e causou profundo mal-estar na diplomacia dos Estados Unidos. Os diplomatas tiveram de fazer um duro trabalho para acertar as coisas e explicar que não era nada daquilo.

O mesmo aconteceu com a conversa entre o ex-ministro francês da Defesa, François Léotard, e o então vice-presidente da rede francesa TF1, Étienne Mougeotte. Sem saber que estava sendo captado pelas parabólicas, Léotard fez revelações indiscretas, como a existência de um complô para bloquear a candidatura do então prefeito de Paris, Jacques Chirac, à Presidência da República, e criticou alguns companheiros de ministério. Léotard não foi demitido, e Chirac foi eleito presidente.

Um caso semelhante ao de François Léotard aconteceu no Brasil, com o jornalista Joelmir Beting, no estúdio da TV Globo de Brasília. Foi durante uma entrevista com o presidente do Banco Central, na época, Pedro Malan. Como no exemplo francês, falavam-se coisas fora do *script*, durante o intervalo de bloco, e as conversas correram risco de captação geral. Uma ligação de telespectador soou na redação, alertando para o bate-papo. Sorte que o diretor de redação estava atento e mandou um recado pelo ponto eletrônico: não falem nada nos intervalos, porque aí é que mora o perigo.

Outro incidente aconteceu na TV Manchete, antes de uma entrevista do deputado Francisco Dorneles, feita pelo diretor da Rede, o jornalista Carlos Chagas. Na preparação da entrevista, os dois comentaram sobre os abusos que estariam sendo cometidos com a venda de apartamentos funcionais para ministros do Supremo Tribunal Federal (STF), a preços abaixo do mercado. Isso quase gerou uma crise nacional.

E, claro, ocorreram casos de menor importância, que hoje fazem parte do folclore televisivo, citados como exemplos de desatenção de quem trabalha com televisão ao vivo, presa ao satélite. Como diz o jornalista Armando Nogueira, que durante 25 anos comandou a Central Globo de Jornalismo: "*Todo dia se comete um erro novo*". O problema é que as virtuais falhas têm como pano de fundo um ambiente no qual o comando pertence aos técnicos, à equipe de operação.

As escorregadelas do sinal

Servem como exemplo os fatos que aconteceram durante a Copa do Mundo de 1994, nos Estados Unidos, quando a jornalista Fátima Bernardes, ancorada pelas antenas parabólicas, brincou que esperava um convite para dançar em uma boate. O saudoso apresentador Fernando Vanucci, sempre brincalhão, que trabalhou durante anos na TV Globo em programas esportivos, revelou para o satélite aberto que não gostava nada de futebol.

Na mesma Copa, o fato mais curioso foi o comentário do locutor Galvão Bueno, quando lhe pediram que conversasse com o ex-jogador Pelé e cortasse a fala dele, comentarista contratado pela Rede Globo: "*Quem contratou, conversa, pô!*". Alguns anos mais tarde, Galvão voltou a cair na armadilha do microfone aberto, caso que hoje é até mesmo explorado como curiosidade em um *site* da internet. No intervalo da transmissão de um jogo entre Corinthians e Bahia, em São José do Rio Preto, interior do estado de São Paulo, o narrador conversava informalmente com o repórter Mauro Naves, quando o bate-papo foi gravado pela rádio de uma cidade vizinha.

Naves: "*Agora, ele [Vanderlei Luxemburgo, técnico do Corinthians] mudou – é com 'V' no começo e 'I' no final*".
Galvão: "*Ah, manda ele caçar bode*".
Naves: "*Ele agora voltou ao original*".
Galvão: "*E voltou à idade original também?*" [fazendo referência ao caso da falsificação de documento de identidade envolvendo Luxemburgo].
[Naves lê a escalação do Corinthians.]
Galvão: "*Que time é esse? Isso não é o Corinthians, não. Com o Corinthians mal assim, vai começar a diminuir a audiência. Não pode ser Corinthians todo dia, né? Domingo que vem já é Corinthians de novo, não é?*".

Essas inconfidências, porém, continuam até hoje, em situações bem delicadas, como foi o caso do ex-presidente do Uruguai, José Mujica que, com os microfones abertos, sem que ele soubesse, criticou a presidente da Argentina, Cristina Kirchner, e seu falecido marido, Néstor, de maneira simplória.

Volta e meia, alguém é pego pela distração. O último e rumoroso caso aconteceu com o jornalista William Waack, que, seguramente, era o profissional mais bem preparado da TV Globo. Waack foi ser engraçadinho com um entrevistado – antes de entrar ao vivo – e fez um comentário que lhe custou o emprego, ao criticar alguém que buzinava um carro com insistência, atrapalhando sua apresentação: "*Isso é coisa de preto*", teria dito, soltando alguns palavrões.

O comentário não foi ao ar, mas ficou gravado, e uma pessoa que seguramente não tinha simpatia pelo jornalista pegou a fita e compartilhou o episódio em uma rede social. Um ano depois do evento. Foi o suficiente para fulminar Waack.

As redes sociais não perdoam.

Ricupero, exemplo fatal

O caso que mais chama a atenção, porém, é o de Rubens Ricupero, no qual eu estive envolvido; foi também o que resultou em consequências mais sérias – e com razão. Até porque no caso de Joelmir Beting ninguém percebeu nada: ele foi alertado a tempo; eu, não. E Ricupero, ministro da Fazenda de Itamar Franco e estrela daqueles tempos do Plano Real, deu várias entrevistas em um momento mais do que delicado, durante a campanha eleitoral de 1994 à Presidência da República. Os ânimos estavam alterados, as emoções à flor da pele. A ascensão do candidato Fernando Henrique Cardoso, consequência da expectativa do Plano Real de combate à inflação, estava desestabilizando a candidatura de Luiz Inácio Lula da Silva, apontado como virtual vencedor. As conclusões sobre o que aconteceu tiveram as mais variadas interpretações.

E o que aconteceu na verdade?

O embaixador Rubens Ricupero, um dos melhores quadros do Ministério das Relações Exteriores (MRE), culto, diplomata de sucesso, extremamente simpático e inteligente, estava há poucos meses na chefia do Ministério, substituindo o próprio candidato FHC. Ele conduzia a propaganda do Plano Real em um momento fundamental, com uma pregação beneditina. Era, digamos, o garoto-propaganda do Plano. Ricupero era abraçado na rua, a população despejava naquela figura frágil, de fala mansa, escassos cabelos e olhos claros e bondosos, toda a sua carga de esperança.

No dia 1º de setembro de 1994, o governo Itamar Franco comemorava os dois meses de real, engendrado por seu governo para dar estabilidade econômica ao país e colocar um freio na inflação. A assessoria de Ricupero programou uma série de entrevistas para aquele dia, tanto para rádio como para jornal e televisão. Começou no *Bom Dia Brasil*, às 7 horas da manhã, no estúdio da Rede Globo, em Brasília. E, assim, a cada hora, o ministro foi recebendo em seu gabinete da Esplanada os jornalistas para conversas exclusivas, *off the record* (conversas para suporte do jornalista) ou não, gravadas ou ao vivo. Isso foi até o *Jornal Nacional*.

Depois que a entrevista – concedida ao vivo à jornalista Ana Paula Padrão – foi ao ar no *JN*, a vez era do *Jornal da Globo*, para o qual eu estava escalado como repórter. Seria uma entrevista gravada sobre determinados assuntos do dia, algumas projeções, tudo pautado pela editora-chefe e apresentadora do jornal, Lillian Witte Fibe. As luzes do ambiente – a sala de reuniões do Ministério – estavam semiapagadas, um lusco-fusco, no intervalo entre a apresentação ao vivo e a espera dos ajustes para a minha gravação. As câmeras pareciam estar desligadas, e o pessoal técnico, inclusive os cinegrafistas, conversava no fundo da sala, perto de uma janela.

Eu preparava a entrevista, organizava as perguntas, e os técnicos tentavam acertar o áudio de retorno para a gravação, que seria gerada direto para São Paulo, via Embratel – ainda empresa do governo –, e teria a participação de Lillian. Ricupero estava em uma cadeira, frente às câmeras, e eu me sentei ao lado dele. O ministro começou a falar, enquanto esperávamos o "OK" final. Ele disse que estava cansado, e o que se comentou depois é que teria tomado alguns medicamentos para suportar o dia trabalhoso. Não parava de falar.

Enquanto isso, os técnicos corrigiam os últimos detalhes. Para a gravação ser feita em São Paulo, áudio e vídeo passavam pela unidade móvel, estacionada em frente ao Ministério. A unidade mandava o sinal para a emissora em Brasília, localizada na via W3 Norte, que o mandava para a Embratel, que o jogava na emissora do Rio, que passava para o destino final, São Paulo. No meio da operação, um técnico do Rio disse que estava recebendo informações de que algumas pessoas estavam captando o sinal da conversa entre mim e o ministro. Tudo foi checado e rechecado, e a conclusão foi de que o descuido era da Embratel. Normalmente, as transmissões eram realizadas por micro-ondas, via terrestre. Nem os técnicos de Brasília sabiam que a Embratel já estava operando um satélite para esse trabalho. Mas já estava, e sem nenhuma proteção, sem qualquer bloqueador ou código. Ou seja, quem tivesse uma parabólica simples, existentes comumente nas zonas rurais, poderia captar o sinal da Embratel – qualquer sinal.

E foi o que aconteceu. A conversa, ou parte dela, foi captada por algumas pessoas – naquela ocasião, em 1994, a tecnologia não era tão desenvolvida como hoje, a internet engatinhava e celulares eram raridade –, e muitas delas até gravaram e algumas mandaram cópias (de péssima qualidade) para canais de TV. O resultado todos sabem: no tumulto da campanha eleitoral, quando a adrenalina está a mil, as interpretações foram as mais variadas. De qualquer forma, foi um choque. Atualmente, a Embratel codifica suas transmissões, mas ainda há canais que podem ser captados pelas parabólicas.

E o que foi conversado? Falou-se sobre denúncias de que havia gente do Partido dos Trabalhadores (PT) infiltrada no IBGE; que ele, Ricupero, gostaria de dar uma entrevista ao *Fantástico*, da Rede Globo; e que seu maior desejo era mesmo tornar-se embaixador na Itália, terra de seus antepassados. Ficou apenas como uma conversa em *off*, até pelo jeito como ele ia contando os fatos, um *off* que todo jornalista guarda, como parte da profissão. Se todos os *offs* fossem publicados, haveria outro panorama da notícia, não apenas no Brasil, mas em todo o mundo. E nesse ponto não se contabiliza a ética, mas a preservação da fonte, e só entende disso quem milita e precisa de informações de bastidor. Recolhe-se o *off* e divulga-se no momento adequado, preservando-se a fonte. As coisas funcionam assim. Mas houve até quem levantasse a questão da existência, no episódio, da dúvida ética. Também houve quem, não entendendo nada de televisão, cobrasse uma postura mais "amiga" em relação ao entrevistado.

Villas-Bôas Corrêa, o experiente jornalista, em seu livro *Conversa com a memória*, explica que

> o repórter político, pela peculiaridade do seu trabalho e a natureza das suas relações com as fontes, é dos mais expostos às cobranças éticas. No fundo, uma teia de equívocos que resulta do desconhecimento das exigências da especialidade. [...] O que distingue o seu texto, além da capacidade de análise, de enxergar um palmo adiante, são as informações confidenciais, colhidas diretamente das fontes, como a fruta madura que se arranca do galho[25].

---

[25] Villas-Bôas Corrêa, 2002, p. 97.

Entre as coisas que Ricupero falou, a que mais ficou marcada foi a frase *"eu não tenho escrúpulos: o que é bom, a gente fatura; o que é ruim, a gente esconde"*, como se na vida cotidiana não acontecesse exatamente assim. Tomada fora de contexto, a frase parece um escândalo, mas da maneira como foi dita – quase aos sussurros – também inspira desconfiança. Nós conversávamos sobre o IPC-R, um índice econômico que a equipe de economistas que conduzia o Plano Real queria eliminar, porque estava em ascensão. Era justamente esse índice que reajustava os salários. Ricupero tinha a informação de que em agosto o índice estaria em queda, o que era bom para o Plano. Mas não havia ainda a confirmação – o que, aliás, realmente aconteceu.

Insisti muito para o ministro anunciar isso no ar – que o IPC-R estava em queda e que isso era mais uma vitória do Plano –, uma notícia exclusiva e uma novidade naquele festival de repetições que foram as entrevistas do dia. Ricupero, porém, não aceitou, reagiu e não deu o número otimista, mas se desculpou, fora do ar – foi a fala que as parabólicas captaram: *"Olha, não é por mal, não. Mas é que eu não tenho a confirmação. Eu tenho até interesse em divulgar as coisas boas. Você sabe, né, o que é bom a gente fatura; o que é ruim, a gente esconde"*.

O que mais incomodou o governo e o candidato a presidente foi a pretensão do ministro. Disse ele, a certa altura, que Fernando Henrique dependia mais dele do que ele de Fernando Henrique. *"O grande eleitor dele hoje sou eu"*, disse Ricupero.

Foram 19 minutos de conversa, e o ministro só parou quando meu celular tocou. Era o jornalista Alexandre Garcia, na época diretor de Jornalismo da emissora em Brasília. Queria saber o que estava acontecendo, o que estávamos conversando: os telefones da Globo não paravam de tocar, avisando que a conversa estava indo ao ar. As parabólicas estavam ligadas e atentas.

Foi um susto. Avisei o ministro sobre o que havia se passado, e ele imediatamente saiu da sala. Gelei. Todas as informações que recebi durante minha vida de telejornalista diziam para que eu me preocupasse com **o que** dizer: a organização do cenário e os problemas técnicos são problemas dos técnicos. Provavelmente, essa não foi uma indicação correta. Hoje, estou ciente de que é preciso estar atento a cada passo da produção de qualquer programa, da operação, nas entradas ao vivo. O caso foi uma lição para todos: para mim, para os técnicos e, principalmente, para Ricupero.

O ministro voltou de seu gabinete para a entrevista gravada. Falamos de coisas do dia, de números e da inflação, coisas do gênero. A orientação da direção da emissora foi para dar a entrevista como ela foi gravada. Lillian comentaria, depois do VT, sobre a conversa que tivemos antes e que havia sido captada pelas parabólicas. E foi o que aconteceu: ela deu um resumo do que o ministro havia dito antes.

Assisti à entrevista, durante a apresentação do telejornal, ao lado do ministro e de dois auxiliares seus, os embaixadores Sérgio Amaral, seu chefe de gabinete, e Gelson Fonseca, na casa de Ricupero. Pouco antes, Amaral e mais dois assessores tinham visto o que havia sido gravado e ficaram boquiabertos, perplexos. Não pelo que foi dito, mas pelo momento, pelas circunstâncias em que foi dito. E eles sabiam que o ministro teria, no mínimo, de deixar o cargo.

O caso fez tremer o governo Itamar e a campanha de FHC, mesmo que tenha recebido solução rápida e Rubens Ricupero tenha pedido desculpas ao país e entregue seu pedido de demissão no domingo – a entrevista ocorreu em uma quinta-feira –, assumindo que falhara, que falara demais, fazendo um *mea culpa* emocionante. Católico praticante, disse que caiu em tentação, que pecara contra a humildade.

Lula, o candidato da oposição, disse que o que houve "*foi uma mutreta do Ricupero com a Globo para ajudar Fernando Henrique*". Bobagem. Desabafo de quem foi pego, no meio da campanha, por um fato inusitado. O que ocorreu ali foi uma armadilha da tecnologia, em que dois profissionais caíram. O ministro se perdeu pela boca; eu, pela falta de um alerta que poderia ter sido dado, a tempo, como no caso de Joelmir. Não havia papel, apenas ondas e cabos.

O clima do momento, no entanto, levou a vários espasmos ideológicos e completamente estapafúrdios de várias personalidades com convicções políticas estereotipadas, embora algumas até legítimas. Pegou mesmo o professor Bernardo Kucinski, velho defensor dos direitos humanos e que teve uma participação heroica na luta contra a ditadura e pela redemocratização do país. Não posso deixar de admirá-lo por causa desse equívoco. Afinal, como posso querer mal a um jornalista tão experiente, que passou por grandes redações, e que escreveu, junto com o professor Robert Ledogar, *Fome de lucros*, um livro de 1976 que tinha como subtítulo *Atuação das multinacionais de alimentos e remédios na América Latina*? Kucinski colocava em pratos limpos a atuação dessas grandes empresas internacionais e seus interesses pelo lucro. O livro abriu meus olhos, no meu início de carreira.

Kucinski foi levado pela visão política a cometer equívocos e a me insultar com firmeza, no afã de demolir reputações e atingir a credibilidade da TV Globo, a grande inimiga de parte da esquerda brasileira e, hoje, também da direita mais reacionária. Talvez esse tenha sido o ponto de partida para a inclusão, na agenda do PT, da chamada "regulação da mídia", uma forma sofisticada de promover a censura aos meios de comunicação. A liberdade é geral, desde que seja a nosso favor, é o seu mote básico.

Tomando como base a entrevista de Ricupero, Kucinski elaborou um livro (*A síndrome da antena parabólica*), no qual detona jornalistas – eu, inclusive – e a grande mídia, mas se perde em pensamentos absurdos e ridículos. Questiona o comportamento ético da emissora e do jornalista, mas não trata de quaisquer outros casos, como se esse tivesse sido o primeiro a acontecer. Não levanta hipóteses diante dos fatos, nem faz trabalho científico e de pesquisa satisfatório. Ou seja, apenas bate no que acredita ser a "imprensa burguesa".

Em seu desvario, Kucinski chega mesmo a absolver a censura da ditadura militar. Ou seja, para ele, a ditadura foi melhor do que a democracia, só porque esta respaldava e incentivava meios de comunicação que não compartilhavam a opinião do partido no poder. E pensar que essa mesma grande mídia deu suporte total, durante anos, ao grande líder sindicalista Lula, antes de se tornar político, de criar o PT, quando combateu de peito aberto a ditadura militar, por meio da causa sindicalista. Ou até mesmo depois disso.

Aqui, torno mais claro esse episódio apenas com a finalidade de alertar todos os que pretendem se jogar nas malhas da televisão, para que fiquem sempre atentos. Um estúdio é como uma sala de cirurgia: ali, tudo pode acontecer – você pode se salvar e tornar sua vida melhor, ou pode morrer no fogo do inferno, envolto na língua (sempre emocional) da opinião pública. Ainda mais agora, em tempos de redes sociais.

A televisão é poderosa. Certamente é o meio de comunicação mais envolvente, o de maior penetração. Mas é preciso ficar sempre atento, fora e principalmente dentro do estúdio, no ar ou fora dele. Por isso, é tão importante medir as palavras e saber o peso de cada uma delas. O que será dito, as ideias que serão expostas. E conhecer que tipo de arma se está usando para denunciar, combater ou defender alguém. Falar na televisão não é perigoso, mas dependendo do que for dito, a palavra e o gesto podem transformar sua atitude em uma bomba atômica, caindo no quintal de cada telespectador.

Agora, quando se combina televisão e política, a coisa fica ainda mais difícil. Millôr Fernandes tem a seguinte frase: "*Em política, o que te dizem nunca é tão importante quanto o que você ouve sem querer*". Esse talvez seja o grande mistério para o enorme espanto que causou a inconfidência parabólica de Rubens Ricupero.

8

O outro lado do charme
...

Talvez poucas profissões sejam tão cheias de charme e glamour como a de jornalista. Mas são raras as pessoas que têm o exato conhecimento do que é essa profissão e de como ela se corporifica em uma das mais tensas e penosas que existem. Só mesmo entrando de corpo e alma em seu dia a dia.

É uma profissão considerada não apenas charmosa. O jornalista, muitas vezes, é tido como defensor dos mais fracos, porta-voz dos injustiçados, um herói, protetor da sociedade, aquele que questiona os poderosos, critica malfeitos dos governantes, investiga, esclarece e escancara os fatos infames desta vida, que com frequência têm o protagonismo de célebres figuras da República. O jornalista vira um ícone do destemor. Um profissional que vive de braços dados com a verdade. Não é necessário que alguém seja punido, dizem as pessoas, pois a simples publicação do escândalo já é um meio de execração.

Quando o jornal *Folha de S. Paulo* aproveitou a estreia do filme *The Post: a guerra secreta* – que mostra os bastidores da cobertura da Guerra do Vietnã e todo o drama que aconteceu quando o *Washington Post* resolveu divulgar os documentos sigilosos do governo norte-americano sobre o caso – e organizou um debate com três jornalistas para discutir o papel da imprensa no conflito, algumas verdades foram colocadas em discussão.

O saudoso Clovis Rossi, um dos melhores profissionais que conheci, por exemplo, disse que o jornalista naquela época – começo dos anos 1970 – ainda era tido como um herói, o que não acontece nos dias atuais. *"Hoje, o jornalista leva porrada de todos, inclusive do leitor"*, apontou Rossi. No fundo, hoje cada um tem sua própria verdade, e apenas se apoia em fatos e os interpreta de acordo com suas convicções, para chegar a uma verdade individual ou que lhe convenha. Para comprovar isso, vide Facebook, Twitter, YouTube, WhatsApp e outras mídias sociais.

Eugênio Bucci, jornalista e professor, outro debatedor daquele seminário, disse que

> é difícil pensar o Jornalismo de hoje nas condições do filme. A imprensa era o centro da esfera pública e pautava a extensão da liberdade de maneira espetacular. Isso não está mais posto, mudou de figura[26].

Atualmente, ninguém está disposto a aderir a conceitos que venham de cima para baixo. Só a credibilidade permite isso.

Sendo assim, é preciso pôr na pauta – e os tempos atuais pedem isso – o indivíduo, o cidadão, como parte dessa revolução. Joel Simon, diretor-executivo do Comitê de Proteção aos Jornalistas, disse, em entrevista à rede alemã Deutsche Welle, realizada em 2011, que essa

> revolução *on-line* institucionaliza a habilidade da população de se engajar no Jornalismo. [...] Mas estes jornalistas cidadãos não substituem profissionais com formação e experiência em meios de comunicação e investigação. Nós precisamos de jornalistas profissionais. Eles podem se complementar com os jornalistas cidadãos. [...] Mais do que nunca, este mundo precisa de nós, jornalistas[27].

Além disso, poucos sabem o que é ser um autêntico jornalista profissional, aquele que vive de sua bela e difícil profissão, sob forte pressão diária, com salário muitas vezes aviltante, tendo de tocar

---

[26] Genestreti, 2018.
[27] Deutsche Welle, 2011.

uma vida cheia de contratempos, mas obrigado a manter a calma e a sobriedade para enfrentar as tempestades. Não foi nem uma, nem duas vezes que ouvi de colegas de trabalho que teriam de procurar outro apartamento para morar com os filhos, porque o aluguel que pagavam estava muito alto.

De modo geral, os jornalistas não ganham bem para manter o nível de vida que profissionais, honestos, na maioria das vezes com formação universitária, deveriam ter. Os jornalistas que conseguiram obter sucesso financeiro procuraram outros caminhos – foram para a publicidade, montaram uma empresa de comunicação, alcançaram um cargo público ou alguma assessoria gorda ou, ainda, derivaram para veredas mais rentáveis, mas não menos trabalhosas, como abrir um restaurante. Não são poucos. Mas o senso comum já determinou: jornalista não foi feito para ganhar dinheiro, não liga para isso, é o que se diz.

Os que ainda veem a profissão de jornalista como puro charme não sabem que ele vive atrelado a posições da direção da empresa a qual, por sua vez, com frequência depende dos subsídios públicos ou privados para sobreviver. Até mesmo os jornalistas têm dificuldade para assimilar essa verdade. Como diz Juan Luis Cebrián em seu livro *O pianista no bordel*: muitos jornalistas ficam "apegados à versão romântica, quase boêmia, da profissão e pensam que a pobreza é condição inalienável da liberdade"[28].

Ignacio Ramonet, jornalista que já comandou o *Le Monde*, em uma entrevista ao *L'Humanité* – jornal francês que já foi ligado ao Partido Comunista –, em 2011, afirmou que

> a maior parte dos jovens jornalistas é explorada, muito mal paga. Mais de 80% dos jornalistas recebem baixos salários. [...] Para a maioria dos cidadãos, o Jornalismo resume-se a alguns jornalistas: estes que se vê em toda parte. Duas dezenas de personalidades conhecidas, que vivem um pouco 'fora da terra', que passam muito tempo 'integrados' com os políticos. [...] Constitui-se assim uma espécie de nobreza política[29].

---

[28] Cebrián, 2009, p. 85.
[29] Ramonet, 2011.

Ao contrário de outros tempos, hoje é difícil para o jornalista ter mais de um emprego – talvez, dar aulas. Ouvi de velhos jornalistas que, antes, o profissional acumulava outras ocupações – de preferência, públicas – com seu trabalho em um jornal. Não era raro ver um jornalista prestando serviço para uma assessoria no Senado pela manhã e, à tarde, cobrindo o mesmo Senado para o jornal. Atualmente essa pirueta é impossível, até pelo sistema de trabalho agora imposto, que exige um engajamento quase permanente do profissional.

Villas-Bôas Corrêa, o grande jornalista político, em seu livro *Conversa com a memória*, relata fatos de sua vida profissional e as dificuldades de se fazer jornal no começo do século XX. Diversas vezes, em seus capítulos, Villas fala dos "miseráveis salários da categoria" e trata dele mesmo, ao confessar que "durante anos, até a mudança da capital [do Rio para Brasília], cheguei a acumular atividades diárias em três jornais, além dos extras na televisão e no rádio"[30].

O cenário pouco mudou.

A fuga de jornalistas para outros caminhos é notória. Geralmente termina em sucesso, mas nem sempre. O sucesso financeiro maior vem daqueles que montaram uma produtora, que vendem serviços para empresas, políticos (incluindo campanhas eleitorais), bancos, governos, fazem *media training* com executivos, ou até mesmo montam pequenos programas para serem exibidos na TV aberta. Ou seja, usam a técnica do Jornalismo – obtido na vida ou na academia – para realizar trabalhos não jornalísticos.

Exemplos são fartos, e cito aqui, com o perigo de esquecer vários, os que a meu ver tiveram melhor resultado: Sérgio Motta Mello (TV1), Chico Santa Rita (TVT), Woile Guimarães, Wianey Pinheiro, Luiz Gonzalez (GW), Carlos Battesti (Convergência Comunicação Estratégica – relações com a mídia) etc. Todos eles são jornalistas competentes e consagrados na profissão, mas, com os novos caminhos, conseguiram fazer uma bela poupança, para dizer o mínimo. Todos eles passaram pela imprensa escrita ou pela televisão, e foi lá que conseguiram a base para tudo que desenvolveram em suas empresas – que, aliás, têm ou tiveram bastante sucesso.

---

[30] Villas-Bôas Corrêa, 2002, p. 45 e 49.

A fuga do jornalista para onde consiga respirar melhor também pode se dar na forma de um *blog* ou de um canal no YouTube – um espaço na internet onde finalmente tenha condições de expor, de publicar seus reais pensamentos sobre o mundo. Para isso, ele usa suas fontes, suas informações privilegiadas, cultivadas ao longo do tempo. E, principalmente, pode emitir suas opiniões, antes enevoadas. Mas, é claro, ele não pode estar vinculado a algum órgão de comunicação tradicional, que já tenha suas opiniões definidas. Aí vai ser difícil, mas alguns tentam.

Cito inicialmente dois exemplos: os jornalistas Fábio Pannunzio e Alexandre Garcia, de pensamentos políticos opostos. Fábio rodou por vários canais de televisão, até deixar a Rede Bandeirantes para montar seu próprio canal (a TV Democracia) no YouTube e realizar seu sonho de pôr no ar e discutir aquilo que realmente acha importante – a crítica a governos de direita, a defesa da democracia. E por que ele saiu de seu emprego, digamos, formal? Por pressões vindas do governo de plantão: ou a empresa se livrava de Fábio, ou deixava de ter crédito em bancos e verbas oficiais. A pressão foi tão grande que Fábio chegou a ter um pré-infarto.

Por outras razões, o mesmo caminho tomou Alexandre Garcia, o veterano jornalista, que resolveu de uma vez por todas exprimir mais claramente suas ideias: em 38 jornais, 320 estações de rádio e em um canal no YouTube, ele expõe o que realmente pensa sobre o mundo político. E mais: chegou a conseguir até mesmo um espaço em uma rede de televisão a cabo, a CNN Brasil, para dar transparência a ideias que nunca deixou de lado – a exaltação ao pensamento conservador, muito próximo dos militares. Aliás, seu quadro no canal – junto com um jornalista que não compartilha de suas ideias, Sidney Rezende – teve até seu nome mudado: no lugar de *Liberdade de expressão*, passou a se chamar *Liberdade de opinião*, que é para separar a posição do canal da opinião de seus comentaristas. Em meados de 2021, a CNN dispensou Alexandre.

Outro exemplo é o do jornalista investigativo Fernando Rodrigues que, depois de quase 30 anos, foi dispensado pela *Folha de S. Paulo*. Não adiantaram seus currículos, sua competência, nem seus prêmios. Assim, Fernando mergulhou ainda mais nas redes e na internet, onde já estava, e fundou o Poder 360, um jornal *on-line*, que já extrapolou essa função e hoje faz parcerias com empresas, para pesquisas e outras atividades.

Mais um exemplo de abandono do Jornalismo diário para seguir o que manda o coração é o da brilhante jornalista Cristina Serra (ex-TV Globo), como ela mesma explica em sua conta do Facebook: em 2018, saiu do dia a dia para "trilhar o caminho desafiador dos livros" e, claro, expor com mais clareza suas ideias. Seu tema principal é a defesa do meio ambiente e os desmandos que levam à sua destruição. Um desafio que tem sido um sucesso.

Um atalho que também serve para exprimir opiniões é o Twitter, uma terra aberta e ainda sem lei mais rigorosa, onde se destila ódio e amor, sem aparas. Claro que as empresas que pagam jornalistas para veicular notícias não gostam que eles se estapeiem nas redes sociais, muito menos que deem opiniões que não casem com as suas. Mas é onde o jornalista consegue respirar um pouco e fugir dos olhos atentos do patrão. É, enfim, uma situação difícil.

Há outro caminho, bastante rentável, digamos, mais confortável – e mais burocrático – para alguns jornalistas engordarem sua conta bancária, mesmo que ainda refreando, de modo geral, suas opiniões sobre o mundo: as palestras destinadas a determinados públicos ou a possibilidade de serem mestres de cerimônias em eventos os mais diversos. Há apresentadores de telejornal que cobram 10 mil dólares (ou mais) por palestra, dependendo do momento em que estão expostos. Como se eles dominassem os assuntos que leem, via *teleprompter*, na TV, e não que estivessem ali pelo carisma, por terem boa aparência, por se vestirem bem etc. A televisão encanta e ludibria.

O jornalista de televisão de certa forma participa da notícia, na medida em que se mostra inteiro ao telespectador, na rua ou no estúdio. Mas, para isso, sua postura deveria ser discreta, porque ali ele não é o mais importante. Sempre foi assim. Até que se inventou a matéria participativa, quando o repórter interage com os próprios acontecimentos, ou o apresentador de estúdio faz caras e bocas – ou carrega em determinados pontos – na exposição da notícia.

No vídeo, a cara é outra

Pelas características do veículo, o jornalista que trabalha em televisão, porque vai se apresentar ao mundo e entrar na casa das pessoas, passa por pequenas mutações formais, mais adequadas ao meio e para poder transmitir melhor sua mensagem. Vamos à montagem formal do jornalista – montagem que aos poucos vai sendo simplificada:

1. Ele recebe orientações em um curso rápido dado por um(a) fonoaudiólogo(a), que permanece em eterna vigilância. O ícone dessa etapa é Glorinha Beuttenmüller, a profissional que moldou a fala do Jornalismo na televisão brasileira. O padrão da narrativa do jornalista de televisão é dessa "bruxa", assim chamada carinhosamente na TV Globo, pelos milagres que operava. Agora, há seguidoras mais modernas.
2. Em geral, repórteres e apresentadores ganhavam roupas. Eu ganhei várias, com corte pessoal e escolha de um(a) estilista, que variava de acordo com o momento e com a moda. A crise vem deixando de lado esse procedimento, mas em alguns casos ele ainda sobrevive. É impossível que a conta bancária do jornalista suporte mudanças diárias de vestimenta, principalmente os que trabalham em estúdio, assim como no caso das mulheres.
3. A maquiagem é fundamental, principalmente para os apresentadores – para as mulheres, em qualquer situação. A TV digital e o tempo castigam mais as meninas, que ficam desesperadas com a nitidez cada vez maior de sua imagem nas telas.
4. A postura formal e o gesto discreto também fazem parte do manual dos fonoaudiólogos, que também prestam serviço a políticos e empresários que eventualmente dão entrevistas. É uma condição para que sua interpretação gere confiança no público.

Ou seja, o jornalista de televisão não é um ser em sua condição natural.

Ele, ali, teoricamente não tem mais papel. Relata tudo aquilo que viu e ouviu de maneira protocolar e de um jeito que mais parece uma corredeira pelo rio afora. Sua segurança, seu carisma e sua credibilidade estão em jogo, e tudo isso faz parte do grande cenário no qual a notícia é "impressa" para o grande público. Essa é a maneira tradicional que a televisão encontrou para empacotar a notícia e difundi-la. Não pode haver nenhum vestígio de posicionamento político. O que conta é o bom senso. Apesar disso, não há jornalista que não tenha sido esbofeteado nas redes sociais, até mesmo por seus pares.

No estúdio, com novo *décor*, há ainda o agravante da atenção redobrada, o cenário mais limpo, a luz mais ajustada, a maquiagem mais acentuada e o texto claro e direto. Tudo padronizado pelo TP, o *teleprompter*, essa máquina que faz do apresentador um ser superdotado, porém ainda mais artificial. Sem contar, é claro, com a presença do ponto eletrônico preso ao ouvido. Ninguém é o mesmo dentro e fora do vídeo. São falsas impressões.

Zygmunt Bauman – sempre ele –, em seu livro *Vida para consumo*, com subtítulo *A transformação das pessoas em mercadoria*, esmiúça o assunto. Nele eu pude ver a semelhança de seus exemplos com a condição do jornalista que expõe sua imagem na telinha. O autor exemplifica suas ideias com três casos aparentemente diferentes, mas que levam a uma conclusão idêntica: as pessoas são aliciadas e encorajadas a promover e vender no mercado produtos que são elas mesmas.

No primeiro caso, Bauman trata da exposição sem controle nas redes sociais, onde as pessoas mostram sem pudor sua nudez física, social e psíquica; no segundo, revela a criação de um novo e refinado *software*, que separa entre os "consumidores falhos" e os mais valiosos para o jogo do consumo; e, no terceiro, mostra um novo sistema de imigração implementado no Reino Unido, com base em pontuações, no qual é feita uma seleção de imigrantes, atraindo os melhores e mais inteligentes.

Nos três casos, embora aparentemente se apresentem como situações distintas, as pessoas atuam como "*promotores das mercadorias* e as *mercadorias que promovem*". Diz mais o grande pensador: para alcançar os prêmios sociais que ambicionam, o teste exige que os indivíduos se "remodelem a si mesmos como mercadorias, ou seja, como produtos que são capazes de obter atenção e atrair demandas e fregueses"[31].

No nosso caso, dos jornalistas de televisão, a demonstração é clara: o profissional constrói sua **imagem** (voz, traje, aparência, postura, gestos) e procura vender não apenas a notícia, mas a si mesmo, como produto dentro de um mercado, ávido por receber uma suposta informação exclusiva ou um raciocínio com base em dados sobre os quais nem todos têm conhecimento, além de escutar relatos que gostaria mesmo de ouvir. Daí a ansiedade de certas instituições em contratar jornalistas para realizar palestras ou comparecer a eventos.

---

[31] Bauman, 2007, p. 13.

Não tenho dúvida: desde o início, a televisão trouxe o empoderamento, o quase endeusamento do jornalista, passando por figuras como o atrevido José Carlos de Morais (o "Tico-Tico"), que fazia malabarismos com o microfone, chegando aos lugares se achando a peça mais importante do momento, até jornalistas investigativos, que denunciam e colocam o dedo na ferida das falcatruas de poderosos.

Essa impressão de poder cria na cabeça do profissional algo que vai além do conteúdo: cria, mesmo que irracionalmente, uma sensação de ter nas mãos um poder que, na verdade, não tem. Daí, parte de sua arrogância, de sua prepotência, a presunção de que é o dono – ou a dona – do pedaço. Mas todos sabem que, sobre eles, há uma espada chamada "princípios editoriais", que limita seus poderes. E isso abrange principalmente os apresentadores ou narradores, amarrados pelo *teleprompter*, lendo textos que, em geral, nem deles são. E são esses os jornalistas mais cultuados.

Sendo a linguagem o fato mais determinante da espécie humana, onde os indivíduos se identificam como seres sociais – e a palavra o princípio da Criação –, como explica Cebrián em seu *Pianista*,

> talvez se deva a isso o endeusamento injustificado de vários comunicadores famosos do rádio e da televisão, que costumam mirar o próprio umbigo com uma satisfação parecida com que o Supremo Artífice experimentou ao descansar depois de completar a Criação[32].

Em busca de alternativas

Uma estrada bastante sonhada pelos jornalistas é também tomar conta do próprio negócio, abrindo – em total solidão ou em sociedade – uma agência de comunicação. Essas agências funcionam, como muitos dizem, no contrapé do Jornalismo: o Jornalismo faz perguntas, as agências – como as assessorias de imprensa – procuram apenas dar respostas convenientes. Contudo, elas pagam bem e, de certa forma, desfiguram o papel do jornalista, usando e abusando de sua técnica e de seu conhecimento. Uma alternativa também é tornar-se consultor de comunicação para empresas, empresários e políticos – mas isso

---

[32] Cebrián, 2009, p. 133.

depende do talento de cada um. O jornalista Mário Rosa é o exemplo mais fulgurante desse caso.

Empresas como a FSB (iniciais de seu dono, Francisco Soares Brandão) ou a CDN (Companhia de Notícias, de João Batista Rodarte, agora associado ao Grupo ABC, do publicitário Nizan Guanaes), as maiores agências de comunicação do Brasil, vão atrás de jornalistas de peso, experientes, para formar seus quadros, pagando bem, mas exigindo muito. Os jornalistas se despem de sua história profissional e ativam seus contatos, comandam enormes assessorias de imprensa, ou ensinam executivos ou políticos como vencer as barreiras da comunicação – o que, como, quando dizer, a postura, os gestos, as palavras adequadas, o chamado *media training*. Em determinado momento, isso virou uma febre entre empresários e políticos.

Não são, porém, esses "fatores externos" que infernizam a vida dos jornalistas. Todos os profissionais conhecem muito bem o terreno em que pisam. Até mesmo as empresas de *media training* os apresentam a seus clientes, para esclarecer a eles, os clientes, o caminho que devem seguir. Em uma extensa reportagem da revista *Piauí*, nº 111, de dezembro de 2015, o jornalista Luiz Maklouf Carvalho deu um panorama sobre a atuação das agências de comunicação no país, bem como sua influência no noticiário. Na reportagem, Carvalho escreveu o seguinte parágrafo, ao falar da apresentação que as agências fazem a seus clientes, utilizando uma série de *slides* de PowerPoint – na verdade, a versão deles do que seria de fato o jornalista:

> O 16º [slide] define o jornalista brasileiro como 'um profissional sob pressão!!! do chefe (resultados), do tempo (imediatamente), da informação (exclusividade)'. O seguinte enumera suas características: 'Formação profissional deficiente, especialista em generalidades, mal remunerado e sobrecarregado, sem experiência, mas, às vezes, age como se fosse o *expert*'[33].

É a maneira que as agências encontraram para colocar o jornalista em um lugar diante do cliente, para, de certa forma, abafar o medo que os executivos em geral têm dessa raça cruel, implacável e mal-humorada,

---

[33] Carvalho, 2015, p. 16.

chamada jornalista. Ou seja, como se não bastassem todos os itens relacionados pelas agências (pressão do chefe, tempo e informação exclusiva), o jornalista também tem de lutar bravamente contra o *lobby* das agências e de executivos treinados para driblar a informação. Essa é a imagem que se procura construir – ou desconstruir – do profissional de Jornalismo.

Outra escolha que o jornalista de televisão tem feito para abastecer um pouco mais a conta bancária – e assim ter uma poupança para garantir um futuro razoável – consiste em abandonar a profissão e se jogar nos braços do entretenimento, na apresentação de programas, na condução dos chamados *reality shows* (ou *realities*). Isso lhe dá a possibilidade de se tornar garoto ou garota-propaganda de algum produto ou instituição – o que rende outro belo pé de meia –, além de dar uma boa escovada no ego, ser popular para o distinto público. Mas, para isso, é preciso cultivar uma rede de amizades na direção das empresas e, claro, ter como base algum talento (sempre).

Cito novamente os casos de sucesso, como Fausto Silva, com longa passagem como repórter de campo pelo *Jornal da Tarde* e pelo *Bom Dia São Paulo* – infelizmente não cruzei com ele em minha passagem pelo *Bom Dia*; ele chegou depois. Fátima Bernardes, Tiago Leifert, todos que um dia foram jornalistas, mas que acabaram se descobrindo apresentadores ou animadores de auditório, e hoje contabilizam um contracheque que nada tem a ver com a realidade do jornalista.

E esse é o pano de fundo da profissão: é preciso aumentar a renda mensal. O jornalista tem formação deficiente porque a faculdade que cursou é deficiente. Em geral, não apresenta como é de fato a redação de um jornal, de uma rede de TV, de uma rádio, e o currículo de seus cursos pouco tem a ver com a realidade do chão da fábrica de notícias. Nem com a truculência pela busca de informações, nem com o ambiente inóspito da redação, suas cobranças, seus vícios, suas idiossincrasias, seus manuais limitadores.

Anos atrás, o instrumento mais à mão para se conseguir aumento de salário para sair do sufoco era a paralisação, a greve. Mas os sindicatos de jornalistas nunca foram tão fortes para isso. Em geral, eles iam na esteira do sindicato dos gráficos, esses, sim, essenciais para a publicação dos jornais. Hoje, os gráficos também estão em baixa e, por efeito cascata, prejudicaram ainda mais a iniciativa dos protestos.

A última grande greve da categoria foi a de 1979, contaminada pelo processo de greves deflagradas no ABC Paulista. Durou 22 dias e deixou profundas marcas entre os jornalistas. Porém, deu em nada. Queríamos aumento de 25%, além de reposição salarial de 34,1% – Delfim Netto havia falsificado os dados sobre a inflação – e imunidade para os representantes sindicais nas redações. Os gráficos não aderiram.

Eu havia acabado de sair de *O Estado* e era repórter da TV Globo de São Paulo. Fui fazer piquete na porta do *Estadão*, já na Marginal, e lá pude ver de perto os ônibus entrando com fura-greves que iriam fazer o jornal do dia seguinte. Pelo menos 20% dos jornalistas furaram a greve, e os jornais saíram normalmente. Ficamos sem o aumento – os donos das empresas propuseram 16% de adiantamento, que foi recusado pelas assembleias – e muitos perderam o emprego.

Têm razão os que enveredam, em algum momento, pelos caminhos que levam a atividades alternativas, mesmo que estas descaracterizem a profissão. Eu mesmo trabalhei alguns anos em assessorias de imprensa. O *site* norte-americano Career Cast (www.careercast.com) publica periodicamente o *ranking* das piores profissões de um ano determinado, e o Jornalismo vem ganhando com folga. Foi a pior profissão em 2016 e em 2017. Dentro da profissão, os mais estressados são os repórteres de jornal, seguidos pelos profissionais de rádio e TV.

Para elaborar a pesquisa, o Career Cast leva em consideração os baixos salários, as previsões para o futuro e os altos níveis de estresse. Os jornalistas ganham até dos lenhadores, uma profissão considerada penosa pelos norte-americanos. Claro, é uma lista baseada em pesquisa feita nos Estados Unidos, onde os jornalistas ganham em média 37 mil dólares por ano.

Em 2014, o jornalista norte-americano Scott Reinardy entrevistou mais de 1.500 jornalistas de 142 periódicos para saber um pouco mais sobre a profissão, suas insatisfações, seus níveis de estresse. Mesmo sem saber o que de fato estava ocorrendo no setor, ele pôde sentir com antecipação as mudanças que estavam para acontecer na área e como as empresas de comunicação já caminhavam para uma transformação profunda.

Reinardy ouviu histórias que nem imaginava – histórias de ansiedade, de incerteza, de esgotamento. Publicou tudo no livro *Journalism's Lost Generation: The Un-Doing of U.S. Newspaper Newsrooms*

("A geração perdida do Jornalismo: o desmanche das redações dos jornais norte-americanos", em tradução livre). Há um capítulo específico sobre a síndrome de *Burnout*, o esgotamento físico e emocional que tem apresentado inúmeros exemplos nas redações.

No início de 2016, Scott Reinardy falou sobre seu livro à *Revista da Universidade Columbia*, deu detalhes sobre sua pesquisa e contou sobre suas constatações. "Eu chamaria o que está acontecendo de depressão organizacional. Os jornalistas não perdem só o emprego. Eles perdem a carreira e até uma parte da identidade"[34].

Falou também dos novos jornalistas que estão chegando em grande quantidade às redações. Constatou que as novas gerações chegam, mas nada sabem sobre a cultura e os posicionamentos dos jornais.

> Eles chegam com perspectivas diferentes das coisas. Sabem lidar com ferramentas multimídia e mídias sociais, mas precisam aprender sobre a profundidade e qualidade da reportagem. Será que eles só se interessam em conseguir mais cliques e não se preocupam em fazer outras duas ou três ou quatro entrevistas para melhorar o material[35]?

O estresse como parceiro

O jornalista é considerado um cidadão que vive no limite de suas forças, exercendo uma das profissões de maior desgaste físico e mental. A Sociedade Brasileira de Cardiologia tem uma pesquisa que mostra que 21% dos jornalistas são hipertensos, enquanto nas demais profissões esse número chega a 12%. É uma situação bem próxima ao do estressado piloto de avião. O número de jornalistas que vivem exauridos, fatigados e, pior, no limite do infarto, é muito grande.

E por que tanto estresse?

Poderíamos tomar as estatísticas apavorantes, como as que são divulgadas periodicamente pelo Comitê para a Proteção de Jornalistas, com sede em Nova York. O relatório publicado pela organização em 2015, por exemplo, revelou que 69 jornalistas foram mortos em plena

---

[34] Lee, 2016, p. 45.
[35] Idem, p. 46.

atividade, 6 deles no Brasil – o terceiro da lista –, um país sem guerras, ao menos as tradicionais[36].

Em outubro de 2018, a Associação Brasileira de Jornalismo Investigativo (Abraji) divulgou a informação de que 137 jornalistas foram vítimas de alguma forma de agressão, desde o começo do ano. Tudo como consequência do clima político instaurado no país. Foram registradas 62 agressões físicas e 75 praticadas pela internet[37].

São evidentes os sintomas de desprezo pela democracia, como afirmou a própria nota da Abraji. Como disse uma jornalista agredida: "*Radicais precisam diferenciar opinião de trabalho profissional*".

Nunca é difícil lembrar de mortes cruéis de jornalistas em plena função, como a do repórter investigativo Tim Lopes, sequestrado, torturado e assassinado quando fazia uma reportagem sobre o abuso sexual de menores e o tráfico de drogas na favela da Vila Cruzeiro, no bairro da Penha, no Rio, em 2002.

Como o caso de Tim, existem outros tantos por este Brasil selvagem, covarde e sem pudor. Como o do radialista Gleydeson Carvalho, assassinado quando apresentava seu programa em uma emissora de Camocim, no Ceará, em 2015.

Ou o caso de Djalma Batata, que apresentava um programa que falava de crimes e política. Foi encontrado morto com 15 tiros na margem de uma estrada em Timbó, a 100 quilômetros de Salvador, também em 2015.

Não é apenas isso.

O estresse a que o jornalista é exposto diariamente causa efeitos que, muitas vezes, são sentidos ao longo de anos.

E de onde vem esse estresse?

Ele chega de todas as partes, mas principalmente do clima hostil que existe entre as pessoas que têm dificuldade extrema de aceitar a opinião do outro. Ou que têm motivos de sobra para deixar nas sombras as artimanhas de que participam.

Por isso, as estatísticas e os debates não param: todos os anos, órgãos internacionais, e aqui mesmo do Brasil, mostram que o perigo anda no

---

[36] Lee, 2016, p. 44.
[37] Portal Imprensa, 2018.

ar, e fugir dele está cada vez mais difícil. Em 2016, a ONU até criou o Dia Internacional pelo Fim da Impunidade dos Crimes contra Jornalistas, celebrado em 2 de novembro de cada ano.

A ideia dessa comemoração, se é que podemos chamar assim, foi concebida a partir de um relatório, publicado a cada dois anos pela Unesco, que trata da "Segurança de jornalistas e o perigo da impunidade", no âmbito do Conselho Intergovernamental do Programa Internacional para o Desenvolvimento da Comunicação (PICD).

Embora seja uma forma burocrática de tratar um assunto tão dramático e urgente, esse relatório vem revelando fatos interessantes, como o que aponta que menos de um em cada dez casos de jornalistas assassinados é resolvido pelos sistemas judiciários. E nem sempre há boa vontade dos países quanto a informar suas estatísticas à direção-geral da Unesco. Em 2016, os números mostravam que um terço dos países solicitados não deu resposta à Organização.

Em um artigo de 2012, publicado no *Estadão*, o professor e jornalista Eugênio Bucci dissertou sobre os assassinatos de jornalistas e informou que, em 20 anos, 70% dos crimes cometidos contra esses profissionais jamais foram esclarecidos. São crimes, segundo ele, cometidos por traficantes de drogas, chefes de milícias e autoridades corruptas. E faz a seguinte pergunta: por que matar jornalistas[38]?

Não se pode dizer que a coloração política – de direita, esquerda, ou as extremas – determina o grau de agressão aos jornalistas, o que está diretamente ligado à existência ou não da liberdade de expressão. Não importa o regime político: quem está no poder quer lá permanecer e, para isso, usa de todos os meios – legais e ilegais, éticos ou não, todas as tramoias disponíveis ou criadas.

Como se vê, o jornalista vive eternamente sob pressão. Ninguém tem ideia do que é a correria de uma redação, em especial na hora do fechamento da edição, quando os nervos estão à flor da pele e todos lutam contra o relógio. É assim, seja em um jornal impresso, seja na televisão. A vantagem da televisão é que tem a ajuda do "vivo": se uma reportagem for atropelada pelos fatos, pode-se jogar o/a repórter ao vivo, que ele ou ela atualize o assunto e coloque as coisas no lugar, como o pistão na gafieira, na famosa canção de Billy Blanco, na voz de Moreira da Silva.

---

[38] Bucci, 2012.

Mas a pressão não é apenas essa. O jornalista – e o Jornalismo de forma geral – vive pressionado pelos interesses de todos aqueles que não querem que suas trapaças sejam descobertas. As manchetes dos jornais não cansam de atualizar as estatísticas das atrocidades cometidas contra jornalistas. A cada ano, elas não param de crescer e, ao que parece, não há punição que as segure. O que campeia, de fato, é a impunidade.

Na verdade, o número de jornalistas assassinados no Brasil equivale ao de países em situação de guerra. Só que, aqui, os profissionais atuavam em casos de corrupção que não poucas vezes envolviam políticos. Desde 1992 até a última estatística de 2015, 37 profissionais haviam sido mortos no Brasil, em geral no interior do país, ou em cidades em torno das grandes metrópoles – fora os que morreram nos grandes centros.

Em dezembro de 2015, a ONG Repórteres sem Fronteiras (RSF) mostrou outros números para detectar o mesmo problema. A Organização disse que 67 jornalistas foram mortos naquele ano no exercício da profissão – só que 43 morreram por motivos que, na ocasião, ainda não haviam sido elucidados. Mas também afirmou que 787 foram assassinados desde 2005, o que mostra que as iniciativas dos organismos internacionais para a proteção desses profissionais falharam.

A RSF considerou que em 2015, no Brasil, foram mortos três jornalistas – em Ponta Porã (Mato Grosso do Sul), em Camocim (Ceará) e em Conceição da Feira (Bahia). Mas a ONG preferiu não computar as mortes de jornalistas com causas ainda não esclarecidas. De qualquer forma, são números expressivos que mostram o fio desencapado sobre o qual se equilibram os profissionais[39].

O relatório da Press Emblem Campaign (PEC), ONG com sede em Genebra, também do final de 2015, colocou o Brasil como o sexto país em quantidade de mortes de jornalistas no mundo. O levantamento mostra que sete jornalistas foram mortos em 2015. Segundo a entidade, em cinco anos, 35 jornalistas foram assassinados no país; no topo da lista estavam Síria (86), Paquistão (55), Iraque e México (46 cada um) e Somália (42)[40].

Durante os 12 meses de 2015, foram mortos 128 jornalistas em 31 países. Além das mortes do *Charlie Hebdo*, uma das mais comentadas

---

[39] Agência Brasil, 2015.
[40] Chade, 2015a.

foi a do japonês Kenji Goto, na Síria, pela organização Estado Islâmico (EI ou Isis). O estudo explica que metade das mortes foi cometida por grupos terroristas ou organizações criminosas.

Os números não param de se atualizar. Trago aqui alguns, mais perto de nós: no final de 2020, um ano dramático em vários sentidos, o relatório anual do Comitê de Proteção dos Jornalistas anotou que o número de profissionais mortos mais que dobrou. Pelo menos 21 repórteres foram mortos como consequência direta do seu trabalho. E ao menos 30, no mundo todo, por causas variadas[41].

Mais uma vez, não se pode condenar governos de direita ou de esquerda. A barbárie é generalizada. O México foi o país mais mortal, mas também ocorreram execuções no Afeganistão, no Irã e nas Filipinas. Os governantes se defendem e atacam os jornalistas. Todos se acham injustiçados e dizem que jamais foram tão atacados. Defendem a liberdade de expressão, mas aceitam poucas críticas. E a crescente impunidade dos autores dos crimes só faz aumentar o número de ataques.

A guerra é logo ali

Um dos maiores atrativos da profissão de jornalista é tornar-se correspondente internacional. Há, ainda, os que gostariam de se atirar na aventura do enviado para cobrir uma guerra, por exemplo. Mesmo sem saber o que isso significa, a extensão da empreitada.

Silio Boccanera, um dos melhores jornalistas produzidos pela safra de profissionais brasileiros, conta em seu depoimento para o livro *Correspondentes*, da Memória Globo, que o medo é o que baliza as situações tensas: "Ele orienta, dá uma base de até onde podemos ir, dá um prumo para não fazermos besteira"[42].

Mas, por trás do medo, há uma realidade que poucos imaginam que possa acontecer. Poucos estão preparados para enfrentar o desconhecido, como montar um escritório de jornal ou televisão em uma terra estranha, com condições precárias; ou enfrentar os morteiros de uma guerra, o que nunca é gentil.

---

[41] CPJ, 2020.
[42] Rede Globo de Televisão, 2018, p. 162.

No livro *Depois do front: os traumas psicológicos dos jornalistas que cobrem conflitos*, as jornalistas Giuliana Tenuta e Paula Saviolli narram as façanhas de vários jornalistas que viveram a experiência de conflitos ou passaram por situações extremadas, com suas consequências físicas e psicológicas. No entanto, as autoras ressaltam que os efeitos variam de pessoa para pessoa, e que tudo depende da **resiliência** de cada um. E resiliência é a quantidade de tensão e de estímulo que uma pessoa consegue receber sem o seu organismo se desorganizar.

> O que distingue o jornalista de guerra de outras profissões é a repetida exposição ao perigo. E o fato de os jornalistas não serem educados em como reagir à violência, como fazem os policiais e soldados, teoricamente, os torna mais propensos a serem vulneráveis a consequências conturbadoras de perigo[43].

Um passo importante seria a criação de um modal permanente de auxílio psíquico para os profissionais que enfrentam essas adversidades, sejam elas de qualquer nível – enfrentar de peito aberto um conflito ou mesmo encarar o desconhecido em terra estrangeira. As empresas, de modo geral, oferecem um tipo de atendimento mais imediato, mas seu caráter deveria ser permanente. Principalmente o atendimento psicológico, ou até mesmo psiquiátrico.

A Universidade Columbia acolhe em uma de suas dependências o *Dart Center for Journalism and Trauma*, organização que começou bem pequena na Universidade de Washington e que cresceu bastante após o atentado às Torres Gêmeas, em 2001. O Centro oferece vários serviços, como o preparo de jornalistas para cobrir situações difíceis de violência, guerras e catástrofes naturais. E suas atividades vão além: publica estudos investigativos, desenvolve estudos de caso e presta consultoria a organizações de imprensa.

David Klatell, um dos diretores da *Columbia Journalism School* e que trouxe o *Dart Center* para sua universidade, escreveu um artigo para a *Revista de Jornalismo ESPM*, no qual apresenta o Centro, mas ao mesmo tempo lamenta sua existência e seu crescimento:

---

[43] Tenuta; Saviolli, 2016, p. 120.

> É ótimo que o *Dart Center* ofereça serviços tão importantes, mas é péssimo que a necessidade desse apoio siga crescendo e superando nossa capacidade de lidar com tantos problemas. Não se trata apenas do fato de que jornalistas tenham de testemunhar muita coisa desagradável, não raro chocante. Com mais e mais frequência, o próprio jornalista está sofrendo na pele e sendo alvo de maus-tratos, encarceramento, tortura e até morte[44].

Klatell cita exemplos das aflições de jornalistas em vários países, como Egito, Irã, China, Venezuela, Reino Unido, Rússia e Estados Unidos, de episódios perturbadores, e de como é difícil retornar à realidade, a uma vida normal, perceber que nada mudou, até mesmo se questionar se seu trabalho valeu a pena, como acontece com um soldado que esteve em combate.

E não é preciso cobrir um evento de guerra para apresentar esse sentimento. Não foram poucas as vezes que presenciei companheiros que passaram anos cobrindo acontecimentos no exterior, com dificuldades para adaptação na volta.

Diz Klatell em seu artigo:

> Volta e meia, é isso o que o jornalista de volta ao trabalho normal parece sentir em relação aos colegas e ao próprio meio de comunicação para o qual trabalha (que, de forma geral, está perdendo influência e importância entre o público ou demitindo gente). O aconselhamento pelos pares é, portanto, uma nova e importante iniciativa do Dart Center, que espera fortalecer a cultura de aceitação e apoio no seio de organizações de mídia[45].

Mas o objetivo profissional do jornalista, na verdade, dá pouca importância para as consequências do que poderia advir de um embate cruel. Rodrigo Lopes, jornalista gaúcho que teceu sua vida profissional praticamente toda na RBS, narra em seu livro *Guerras e tormentas: diário de um correspondente internacional* o frisson imenso de assistir à explosão de uma bomba do seu lado. Rodrigo conta histórias de várias coberturas, inclusive os conflitos no norte de Israel e no sul do Líbano:

---

[44] Klatell, 2015, p. 12.
[45] Idem, p. 13.

> Um foguete explode a cerca de um quilômetro da estrada onde estou. O chão treme. Os joelhos tremem. Sinto vontade de deitar no chão, como se isso diminuísse a chance de eu ser atingido. [...] Esse é o ritual da guerra. Quem o vivencia, não esquece...[46]

É a realização de um sonho: ser correspondente, cobrir uma guerra e, mais do que isso, ao vivo! Para isso, as empresas de comunicação contam com os devaneios de quem curte essas aventuras perigosas, de estar em um lugar de onde outros querem sair, de ter um lugar na história.

Foi o que aconteceu com o jornalista português Carlos Fino, que cobriu ao vivo o começo da Guerra do Golfo para sua Rádio e Televisão de Portugal (RTP) – e conta isso em seu livro *A guerra ao vivo* –, passando por cima das poderosas CNN e BBC: às 5 e meia da manhã, depois de um dia estafante e de uma longa transmissão para Lisboa, os bombardeios começaram em Bagdá e tudo foi religado; a guerra estava no ar, e o jornalista pronto para a narrativa, depois de 53 dias de espera.

É o que faz a profissão ser bela e sedutora: não importam as atrocidades nem os perigos que se corre – o jornalista quer ser o primeiro a dar a informação, e disso se valem as chefias, que brindam o êxito das coberturas com um texto de exaltação ou 15 dias de férias. O reconhecimento é a glória maior do profissional.

De minha parte, a guerra mais próxima que tive, em real campo de batalha, foi na conflagração impetuosa – tomadas todas as dimensões – entre metalúrgicos do ABC e a Polícia Militar de São Paulo. Foi a época (1979) em que o sindicalismo começava a se reafirmar no Brasil e quando despontava a figura de Lula. Era uma guerra que tínhamos de enfrentar em três frentes de batalha: o conflito propriamente dito, com pedras, paus e cassetetes lançados por trabalhadores e policiais – o cinegrafista Adão Macieira e eu passamos por maus bocados nas ruas de São Bernardo do Campo; a ojeriza que os metalúrgicos tinham da TV Globo – houve uma ocasião em que tombaram um carro de reportagem, com várias ameaças à equipe; e a dificuldade de pôr a matéria no ar, convencer a chefia de que era preciso contar a história completa na reportagem, e não assistir a apenas 30 segundos de um

---
[46] Lopes, 2011, p. 120.

texto coberto com imagens, narrando apenas parte do que realmente havia acontecido.

Era a pressão que vinha de cima e pegava todos – das principais chefias aos editores e repórteres – em linha reta, de forma vertical, para que fosse ao ar apenas parte dos acontecimentos e não a cena completa.

O mesmo ocorreu na cobertura do movimento pelas Diretas Já, que começava a tomar conta do país, nos comícios que se agigantavam, lá pelos anos de 1983/1984, como protesto pelo fim da ditadura e, depois, em apoio à Emenda Dante de Oliveira, que propunha eleições imediatas e diretas para presidente da República. Não havia nenhum sinal de que a emissora cobriria o assunto como deveria, o que provocava enorme desgosto, uma revolta em toda a redação. Hoje, a TV Globo lamenta que isso tenha ocorrido – como lamenta ter apoiado o golpe de 1964 –, e se compadece das atitudes tomadas, mas a história não se apaga.

Apesar de todos esses perigos e ameaças que sofrem os jornalistas, inclusive físicas, atualmente as redes sociais atiçam o ser humano e criam a oportunidade para aqueles que vivem engaiolados nos limites das empresas e que ganham a chance de se mostrar perante todos, de mostrar que não são meros interlocutores dos patrões.

Mas aqui fica – talvez como um alento, como uma inspiração – o pensamento de Lillian Ross, a jornalista norte-americana que ousou criar um novo tipo de Jornalismo, que se aproxima de um estilo mais apropriado à literatura.

Lillian, que celebrava a discrição na hora de captar suas informações, como se fosse uma mosquinha na parede, afirmava que a atenção dos jornalistas *"deve estar o tempo todo voltada para o assunto, não em você. Não chame a atenção, nunca"*. Mais que isso. Ela dizia que **ser um bom repórter** – e acrescento: não ficar se mostrando nas redes sociais e sendo motivo de fofoca como pretensas celebridades – **é dançar como Fred Astaire, sem deixar que o público perceba como são difíceis os seus passos**[47].

---

[47] Meireles, 2017.

9

O glamour se desmancha no ar
...

Como eu disse páginas atrás, quando eu apresentava o *Bom Dia Brasil*, era colocado todos os dias em um nível vigoroso de tensão – situação que só é notada quando o mal vem à tona. Eu me apanhei certa manhã com uma taquicardia absurda, que me impediu de apresentar o jornal. Ofegante, eu não conseguia falar, respirava com dificuldade. E tive de ser amparado pela jornalista que partilhava comigo a bancada do jornal, Claudia Miani, que tomou as rédeas do programa.

Fui direto da emissora para o hospital, mas os exames nada revelaram de mais importante: puro estresse, puro esgotamento e estafa. Tirei férias imediatamente.

Como este caso particular existem diversos, provocados por um nível de tensão que vai além do charme, da exuberância de uma profissão maravilhosa, mas que exige muito do profissional. Principalmente sangue frio e entrega total.

A redação, tanto de um jornal quanto da TV, é um caldeirão de emoções, de sentimentos os mais diversos – euforia, apreensão, decepção, alegria, frustração, tensão permanente, pelo que está impresso, pelo que vai ao ar, pela dúvida sobre a notícia que se tem, se é a certa, se é falsa, se os concorrentes de outras publicações também a tem, se tudo vai ser feito a tempo e ao gosto da chefia. Há uma insegurança geral no ar, mas isso faz parte do cardápio que mantém acesa a chama do Jornalismo. O distinto público fica longe de toda essa trama. Mas a plateia sente, percebe quando um jornalista fica ausente por muito tempo, ou quando ele some de vez.

Nestes tempos de crise prolongada, o panorama fica ainda mais dramático. As empresas estão enxugando seus quadros. Artistas de renome e jornalistas experientes não estão renovando os contratos e simplesmente estão deixando seus empregos, em nome da manutenção de um lucro mais sustentável das empresas. O que vale agora é o jornalista barato, que atue em várias funções, com pouca experiência e muito entusiasmo.

É claro que, hoje, boa parte das centenas de jornalistas que são lançados pelas faculdades no mercado e vão à procura de emprego encontra na televisão a opção dos sonhos, já que o Jornalismo impresso está em plena exaustão. A outra opção é o Jornalismo praticado por *sites* da internet, desvinculado das empresas tradicionais. Esse pessoal que está chegando tem outra postura. A timidez é a mesma, mas a identificação com o meio eletrônico é evidente, fruto de uma adolescência vivida por dentro das novas mídias, do *smartphone*, do iPad e de toda essa nova parafernália eletrônica.

Só há um problema: a telinha, agora digital, expõe muito mais o profissional, para o bem e para o mal. Assim, nem sempre o que se aprende nos bancos da escola bate com o que é exigido nas redações de verdade. Falta experiência, conteúdo e o que podemos chamar de *know-how* da profissão. Não os vícios, mas o conhecimento. Contudo há, certamente, exceções deslumbrantes. Profissionais que nasceram para o ofício. Que trazem no sangue a naturalidade do profissional.

Aliás, essa é uma das fraquezas dos novos jornalistas: a formação, o conteúdo. Tanto que os principais jornais e revistas montam cursos extras para aprimorar os novos profissionais. Isso acontece, por exemplo, no *Estadão*, na *Folha*, na *Veja* e, também, na TV Globo. Essas palestras chegam na forma de *workshops*. Na TV Globo, mais de 300 jornalistas já participaram desses encontros, com o objetivo de trazê-los à realidade das novas tecnologias e também estimular o pensamento criativo, abrindo a cabeça deles para a produção de novos conteúdos, novos formatos, em busca de um novo público.

A *Folha* escancara: chega a divulgar em sua versão digital a realização de um Programa de Treinamento em Jornalismo Diário, que já está na 64ª edição. Em três meses, ela promete colocar em campo novos jornalistas, com aulas de Português, Inglês e Conhecimentos Gerais, o que já deveria estar na cabeça do novo profissional, assim que deixou a faculdade. Ou o ensino médio. O curso oferece ainda aulas de Jornalismo diário, História, Direito, Economia e Língua Portuguesa, com palestras dos principais jornalistas da casa. É quase como um novo curso universitário, até porque muitos dos que estarão lá jamais passaram de fato por uma Faculdade de Comunicação: hoje, não é mais preciso fazer curso de Jornalismo para ser jornalista.

A questão é que, para ser jornalista, é preciso algo mais do que a pura técnica e o conhecimento. É preciso ter no caráter a honestidade, a imparcialidade e, antes de tudo, talento para exercer a profissão. Muito se aprende na escola, mas o que conta mesmo é a índole.

Tecnologias: o bem e o mal

Ultimamente, as novas tecnologias têm ajudado muito os jornalistas, tanto os que trabalham em jornais impressos como no rádio ou na televisão. É mais rápido receber e transmitir informações. Em contrapartida, a concorrência entre profissionais aumentou muito, já que a disputa está na linha de quem dá a notícia primeiro. A rapidez, o "dar primeiro a informação", é a vitamina que fortalece o profissional do meio de comunicação instantâneo, como as TVs a cabo, os *sites* de informação, os *blogs* de jornalistas especializados. O furo, o primeiro a chegar, continua sendo um dos objetivos centrais da atividade.

As novas tecnologias, porém, tornadas reais e vivas por meio das redes sociais, têm mostrado – em especial aqui no Brasil – que trabalham não apenas a favor, mas também contra. Tornaram claro que o Brasil sempre foi um país muito violento – para comprovar, é só pegar nossa história, cheia de conflitos. As redes sociais apenas aproximaram os guetos cheios de ódio para que transbordassem suas paixões. O jornalista e o Jornalismo são alvos preferenciais desses rancores.

E, no meio de todos os agravantes, há um ainda mais curioso, mas não menos importante: o jornalista é um ser tímido, reservado, arredio, e que adora caçoar de si próprio e da profissão. Ao mesmo tempo, é um profissional que precisa estar aberto a todos os ventos do mundo, às novidades e às tendências, e imune a preconceitos.

Juan Luis Cebrián, célebre jornalista espanhol, criador do *El País*, em seu livro *O pianista no bordel*, brinca com esse atributo dos jornalistas, que mistura timidez, desprendimento pelo ofício e bom humor, e não trata o Jornalismo como o Quarto Poder, como muitos gostam de tachar. Claro, ele não deixa de dar grande importância à profissão, a seu poder, mas a condiciona dentro de sua verdadeira posição.

Cebrián cita, por exemplo, o famoso comentário de Balzac sobre os jornalistas: "*Se a imprensa não existisse, seria preciso não inventá-la*". E confessa a definição mais jocosa da profissão, cunhada pelos italianos: "*Trabalhar é pior*". Marcello Mastroianni, o famoso ator italiano, já falecido, falava o mesmo de sua profissão.

O próprio Cebrián explica o título de seu livro, ao citar um ditado popular: "*Não digam à minha mãe que sou jornalista, prefiro que continue acreditando que toco piano num bordel*".

Daí, vemos a passagem espinhosa e custosa do jornalista de imprensa escrita para os que trabalham em outras mídias, como a televisão, onde o profissional tem de se mostrar por inteiro, contar o fato de viva voz e expor sua opinião, se for o caso. Eu mesmo levei praticamente dois anos para me reinventar como jornalista de televisão, depois de passar dez anos em um veículo impresso.

As falsas verdades

Ao mesmo tempo, o jornalista tem de conviver com os amadores da praça, os que vivem pendurados nas redes sociais e "publicam" informações que nem sempre estão de acordo com a realidade. Quer dizer, são mentiras, as atualmente chamadas *fake news*, que, não raro, são confundidas com a realidade. Quanto mais são repetidas, mais se tornam verdade, como Goebbels nos ensina.

As *fake news* merecem um subtítulo à parte. Não é de hoje que são o "assunto do momento". Elas dificultam o entendimento da realidade, confundem o público e atacam diretamente a vida do jornalista, que tem de ser esperto o suficiente para descobrir o que de fato é verdade. Ele precisa checar, checar de novo, ouvir o maior número de pessoas, o que, no fundo, embaraça o trabalho e provoca perda de tempo. Mas é fundamental confirmar se a notícia é verdadeira. Mais do que sair na frente. É um trabalho estressante a mais na vida do profissional.

Tanto é assim que as mentiras veiculadas pela internet – esse campo ainda difícil de vigiar e punir – têm sido a preocupação forte da Justiça. E algumas empresas de comunicação têm montado programas para detectar e qualificar o que é fato e o que é invenção, geralmente para prejudicar ou desqualificar pessoas, e iludir quem lê ou assiste a vídeos falsificados.

Já em 2015, foi criada a Rede Internacional de Verificação de Fatos (IFCN, na sigla em inglês de *International Fact-Checking Network*), que está presente em 51 países, inclusive no Brasil, com o objetivo de verificar a verdade dos fatos. Não é tarefa fácil, mas a Rede já reúne jornalistas de 79 plataformas de checagem em todos os países associados. É um trabalho insano, que obriga o jornalista que checa a desnudar o fato e fazer o caminho inverso, até chegar à verdade, ouvindo de novo especialistas e retomando todo o processo que levou à falsa informação final.

A jornalista Consuelo Dieguez esclarece o assunto em uma ampla reportagem na revista *Piauí* de junho de 2020, com o título "Caçadores de mentiras". E mostra como surgiram invenções e inverdades divulgadas de forma irresponsável por governantes do Brasil e do exterior, especialmente no rastro da pandemia da covid-19. Tanto que até foi criada uma parceria no rastro da Rede Internacional: a *CoronaVirusFacts Alliance*, uma plataforma na qual as informações são traduzidas e colocadas à disposição das demais organizações.

Diuturnamente, os jornalistas verificadores da IFCN e da *CoronaVirusFacts* se desdobram para trazer a verdade a todos, para que as pessoas em geral não enfrentem pesadelos. Graças a eles, ficou desmentido que não eram as redes 5G de telefonia móvel que espalhavam o vírus; que as máscaras contra o coronavírus não eram perigosíssimas – pois reduziriam o oxigênio do sangue; que os chineses não espalharam o vírus para desvalorizar as ações de empresas estratégicas. Da mesma forma, eles desmentiram que havia remédios para acabar com o vírus: urina de vaca, licor de *raki* (bebida turca), vitamina C, alho cru, água quente com limão, gargarejo com água e sal e outras tantas barbaridades inócuas.

O trabalho da IFCN é tão fundamental que uma deputada da Noruega, Trine Skei Grande, ex-ministra da Educação e da Cultura, indicou a entidade ao Prêmio Nobel da Paz. A inspiração da deputada ocorreu exatamente durante a pandemia, quando a Rede reuniu 99 veículos em quase cem países para monitorar a quantidade enorme de notícias falsas a respeito do novo coronavírus. O presidente da entidade, Baybars Örsek, comemorou a lembrança para o Nobel, mas sabe que o caminho é longo até se chegar à indicação final. Porém, ele saudou o trabalho da IFCN, lembrando que *"fatos importam e checagens podem salvar vidas"*.

O reconhecimento ao Jornalismo independente, porém, veio por outros caminhos: o Nobel da Paz de 2021 foi concedido a jornalistas, Maria Ressa, das Filipinas – por suas críticas ao governo autoritário de Rodrigo Duterte –, e Dmitri Muratov, da Rússia – por ser uma voz ativa que questiona bravamente o regime autocrático de Vladimir Putin.

A advogada Berit Reiss-Andersen, presidente do Comitê do Nobel, justificou o prêmio, afirmando que

> o Jornalismo livre, independente e com base em fatos protege contra o abuso de poder, as mentiras e a propaganda de guerra. [...] Os dois foram premiados em razão da luta corajosa pela liberdade de expressão, uma condição prévia para a democracia e pela paz duradoura[48].

As chamadas *fake news* são, na verdade, uma ameaça ao bom Jornalismo e uma pedra a mais no sapato dos jornalistas, que precisam pesquisar e conferir muito mais suas informações antes de publicá-las. São um obstáculo a mais no caminho dos profissionais sérios. E outro encargo que traz as novas tecnologias para o cotidiano do jornalista. Essas novas tecnologias ajudam muito, mas seus subprodutos carregam um mundo de desafios.

Temos, no entanto, de aceitar o fato e combater esse que é um subproduto das novas formas de interação na internet, que são as mídias sociais. A internet é uma tecnologia de transição – como a eletricidade – e é a partir dela que as coisas acontecem. Seus frutos são o Facebook,

---

[48] Simas, 2021, p. A14.

o WhatsApp, o Twitter, o Instagram, além de outras redes que foram morrendo pelo caminho. São instrumentos que fazem o papel da velha mesa de bar, onde as pessoas apresentam suas opiniões divergentes, seus ódios e suas idiossincrasias. Mas com alcance infinitamente maior, que pode trazer a paz ou causar a guerra.

E talvez nós estejamos apenas no começo do que pode ser uma grande tragédia. As campanhas de desinformação podem se massificar, na medida em que os *softwares* que produzem rios de calúnias e falsas verdades se tornem mais baratos e possam ir ao extremo da produção de vídeos falsos com pessoas reais, os chamados *deep-fakes*.

As inverdades podem ainda se materializar por meio do descaramento de governantes que inventam histórias e usam sua suposta credibilidade para ao menos colocar em dúvida a honestidade de seus adversários, que se tornam inimigos políticos. De tanto repetir mentiras, a opinião pública passa a acreditar que a invenção é uma verdade incontestável. Cabe ao jornalista desmontar mais essa farsa.

E por que a opinião pública acredita em mentiras?

1. Não sou psicólogo, mas o que vemos na prática – e com base em estudos de psicólogos – é que as pessoas têm a tendência a acreditar que tudo que se publica é verdade. Ou por falta de conhecimento dos fatos ou por má-fé.
2. Em geral, as pessoas dão crédito a notícias que gostariam que fossem verdade, sem se atentar aos detalhes da informação, principalmente se os fatos são divulgados por indivíduos em quem essas pessoas confiam.
3. Há uma predisposição generalizada em se acreditar em fatos sobre os quais se tem conhecimento, mesmo que haja armadilhas relacionadas a isso na história.
4. As pessoas confiam nas fontes de forma indiscriminada.

Steve Coll, reitor de Jornalismo da Universidade Columbia, em visita ao Brasil, disse em uma entrevista que a guerra contra as *fake news* só poderá ser ganha quando o jornalista se colocar de corpo e alma na tarefa de espantar o mal – o que não é uma guerra fácil. Para isso, o jornalista tem de ser cada vez mais **independente, plural, relevante e transparente**. São essas as suas armas.

E ele também tem de lutar contra a falta de confiança que ronda a imprensa tradicional.

> Acho que isso ocorre, em parte porque estamos, como sociedade, nos tornando cada vez mais divididos e sectários. Acredito que a ruptura econômica e social causada pela tecnologia, e pela internet em especial, tem piorado isso. Estamos cada vez mais fechados em tribos, definidos por ideologias de grupo[49].

Há também algumas regrinhas que devem ser obedecidas para identificar as *fake news*. Vamos citar algumas:

1. Devemos habitualmente ser críticos, e este deve ser o costume do jornalista – **duvidar sempre**.
2. Investigar as fontes e os URLs, que são os Localizadores Uniformes de Recursos, a "carteira de identidade" – são *sites* ou *blogs*.
3. Confirmar as datas e as evidências.
4. Comprovar a credibilidade dos URLs – conhecer sua reputação e sua credibilidade.
5. Checar se a história é uma farsa, uma brincadeira, ou se é real.

Porém, a existência cada vez mais intensa de *blogs* e notícias transversas não deixa de ser um ingrediente perverso nesta luta diária para dar ao público a informação que deve ser dada, o mais próximo possível da realidade. Há forças poderosas que não admitem que a verdade verdadeira venha à tona.

Não é uma tarefa desprezível. Em seu livro *O culto do amador*, Andrew Keen mostra que "não se passa um dia sequer sem uma nova revelação que coloque em questão a confiabilidade, a precisão e a verdade da informação que obtemos na internet"[50].

Em um livro assustador – *Acredite, estou mentindo: confissões de um manipulador das mídias* –, o norte-americano Ryan Holiday conta como conseguiu driblar a esperteza dos jornalistas e inventar casos e situações que viraram fatos e manchetes. Logo na introdução, ele confessa que usou *blogs* para controlar as notícias. Mais adiante, revela

---

[49] Rebello, 2017.
[50] Keen, 2007, p. 64.

que criou "falsas percepções por meio de *blogs* e *sites*, que levaram a conclusões erradas e decisões ruins – decisões reais no mundo real que afetaram pessoas reais"[51].

Quer dizer, o autor mostrou ser uma pessoa sem caráter, que manipula os fatos e prejudica as pessoas, o que, no fundo, vale muito pouco nesse vertiginoso mundo digital, onde o que conta é atingir seus objetivos, por mais obscuros que sejam. Esse é o lado ruim da internet e de seus derivados.

Ou seja, muitas vezes, a tarefa do profissional verdadeiro, aquele que não se esconde sob a máscara da difamação, é transmitir ao público aquilo que realmente vale e é real – é um desgaste monumental, uma luta contra a corrente, na qual quem tem de vencer é a **credibilidade**.

Estou seguro de que o jornalista é uma das principais vítimas das notícias falsas. Mas, é claro, ele não é um herói completo, pois tem suas fraquezas, neste mundo de comunicação intensa. E um caso emblemático é o do jornalista do *New York Times* – olha a credibilidade! – Jayson Blair: ele produziu erros, fraudes, plágios e invenções em textos produzidos ao longo de cinco meses, entre 2002 e 2003. Blair fingia mandar matérias de lugares onde não estava, usava fotos para forjar detalhes que não presenciara, inventava declarações, em textos de 73 reportagens. Foi demitido, assim como seus editores.

Essa é a diferença entre os anônimos que fabricam notícias ou divulgam informações falsas: o jornalista tem nome, endereço e CPF e pode ser encontrado nas redações, que também têm endereço conhecido. Isso não protege o jornalista. Ao contrário, expõe a sua pessoa e deixa transparente seu ofício, para o bem e para o mal.

Como afirma Cebrián em seu *Pianista*: "Um jornalista é, antes de mais nada, um cidadão e, portanto, é normal e lógico que atenda aos interesses da comunidade no momento em que precisa tomar uma decisão"[52].

Isso, porém, não é apenas trabalho dos que querem "atropelar" a verdade. Governos pouco democráticos fingem defender o povo ao agir de maneira nada discreta, ao barrar a informação ou opiniões dos que discordam de suas ideias.

---

[51] Holiday, 2012, p. 11.
[52] Cebrián, 2009, p. 112.

É inacreditável que, depois de tanto tempo, esse tipo de experiência vivida pelo Brasil cause dúvida ou seja motivo de debate. São fatos da história, o que mostra que ainda há uma enorme falta de informação, a mesma desinformação que cobriu a sociedade com uma densa nuvem negra.

Cito de novo uma experiência própria. Por anos trabalhei debaixo de uma censura cruel, criada pela ditadura que reinou durante duas décadas no Brasil e que não deixava que muitas informações fossem divulgadas: os militares do governo acreditavam que elas não deveriam ser conhecidas pela população. Cito essa experiência no primeiro capítulo deste livro. Não foi agradável, mas ajudou muito na construção da minha vida profissional.

Por isso, é impossível não ficar perplexo diante da afirmação de que não houve ditadura no Brasil. Quando não há liberdade de informação e expressão – quantas peças de teatro, filmes e livros não foram censurados? –, quando a opinião é tolhida, quando não se pode votar ou se manifestar politicamente, como se pode definir esse regime?

Até mesmo empresários que tinham opiniões diferentes das dos militares, como Mário Wallace Simonsen, perderam seus negócios. A empresa de comunicação eletrônica de maior audiência no país naquela época, a TV Excelsior, foi fechada arbitrariamente. O dono era Simonsen, um grande exportador de café – a Comal era uma das maiores exportadoras de café do mundo – e proprietário da Panair do Brasil. Eram grandes negócios, que foram arrastados para a falência por desejo dos militares e, seguramente, por civis (donos de empresas de comunicação e de transportes) que tinham interesse em tirar Simonsen do caminho. Eram anos de chumbo. Ninguém se importava em manchar as mãos com sangue.

O jovem jornalista Daniel Leb Sasaki conta, em seu livro *Pouso forçado*, a história da destruição da Panair do Brasil – que deu lugar à Varig e à Cruzeiro do Sul, que também faliram – pelo regime militar. E prova que as ditaduras não atingem apenas os profissionais que pensam o contrário dos tiranos, militares ou não. Essa espécie de gente quer varrer da frente as pessoas que acreditam ser seus inimigos, que podem atrapalhar seus planos de poder, de arbitrariedade, prestigiando os amigos da hora, tenham eles caráter ou não.

Não foram poucas as vezes em que nós, jornalistas, saímos frustrados das redações por não poder informar o público sobre o que nós sabíamos e não éramos autorizados a publicar. A queda de um ministro por divergências políticas, ou até mesmo o aumento do número de casos de meningite, tudo era motivo para restrições oficiais.

Nada disso pode ser considerado novidade. Para não irmos muito longe, vamos pegar um exemplo de cem anos atrás, quando, antes mesmo de assumir seu trágico governo, Hitler e seus asseclas caçaram impiedosamente aqueles que se opunham a seus objetivos.

Foi o caso do jornal *Münchener Post*, que se tornou o principal inimigo dos nazistas na imprensa e foi massacrado pelos fanáticos, em uma guerra que se estendeu por mais de dez anos, durante os quais o pequeno jornal denunciou os perigos daquela ideologia.

Os nazistas, que nunca foram muito sutis, atacaram até mesmo os redatores do jornal nas ruas e depredaram várias vezes a redação do *Post*, a última delas em 1933, quando Adolf Hitler chegou ao poder. Toda a história da dramática resistência desse veículo é contada no livro *A cozinha venenosa*, da jornalista Silvia Bittencourt, que vive há décadas na Alemanha.

O *Post*, um jornal social-democrata, era chamado de "A cozinha" pelos nazistas, uma vez que o jornal tinha a tradição de cobrir crimes e era como caso de polícia que ele tratava a ascensão de Hitler e seus fanáticos. Não sobreviveu.

O garrote generalizado

Aqui no Brasil, as atitudes não têm sido muito diferentes. Há que ressaltar que, hoje, respiramos na América Latina certo ar de liberdade, com as exceções de praxe, como Cuba e Venezuela, países em que os governantes insistem em obrigar as pessoas a que pensem e ajam de acordo com suas ideologias.

Mas é evidente que a vontade irracional de brecar a imprensa não é privilégio dos regimes ditatoriais. Seria um pecado não citar o óbvio caso do ex-presidente norte-americano Donald Trump, que, desde sempre, teve a imprensa livre e de opinião própria como sua maior inimiga pessoal.

Seria tedioso citar aqui, já que estamos vivendo esse fenômeno nos dias atuais, os casos em que o ex-presidente dos Estados Unidos criticou e procurou desmoralizar jornalistas, jornais e a mídia em geral de forma acintosa e sem qualquer limite, a ponto de impedir determinados órgãos de imprensa de realizar a cobertura diária da Casa Branca. Isso no que é considerado o país que sempre se orgulhou de manter como meta prioritária a liberdade individual dos cidadãos.

Não podemos nos esquecer também do caso que fez tremer a democracia norte-americana, ainda no governo de Barack Obama: a ordem de monitorar em grande escala as comunicações telefônicas de milhares de cidadãos. Naquela ocasião, disse o porta-voz Josh Earnest:

> A prioridade máxima do presidente dos Estados Unidos é a segurança nacional. Devemos estar certos de que contamos com as ferramentas de que precisamos para enfrentar as ameaças dos terroristas. O que devemos fazer é equilibrar a prioridade com a necessidade de proteger as liberdades civis[53].

Segundo o jornal *Le Monde*, o governo francês faz o mesmo. O esquema foi revelado por Edward Snowden, que provocou o conhecido escândalo mundial de espionagem internacional. E essas revelações abalaram e constrangeram as tradicionais democracias, indo muito além da mera vigilância aos jornalistas.

Todas as semanas, praticamente todos os dias, são publicadas na imprensa – geralmente em *blogs* ou *sites* especializados – notícias sobre como é o tratamento que os jornalistas recebem em todo o mundo. Os jornalistas e os jornais. Mas a parte mais fraca sempre paga do modo mais pungente: com o emprego. Ou de maneira mais trágica: com a própria vida.

Não conheço Jornalismo praticado em regimes ditatoriais. Não existe. Há sempre um ditador de plantão prendendo quem dá a notícia certa – que, dizem, é contra os interesses do país – ou cerceando a liberdade das pessoas de consultarem a internet, à cata de informações as mais simples, mas que fazem parte do seu dia a dia.

Os chefes dos regimes autoritários adoram ter apenas uma verdade: a verdade deles. Na realidade, pelos menos os tiranetes latino-americanos

---

[53] *Folha de S. Paulo*, 2013.

seguem um padrão antigo, herdado do Império Espanhol (séculos XVI e XVII), e tiveram um papel decisivo nas guerras de independência, da Argentina ao México.

Esses governos populistas confundem sistematicamente o que é patrimônio público e patrimônio privado, por exemplo. Mas não é só isso. Há uma série de marcas em comum que facilita identificá-los, como expôs com clareza, em um artigo de *O Estado de S. Paulo*, em março de 2012, o ensaísta e editor mexicano Enrique Krauze, diretor da Editora Clio e da revista de cultura *Letras Libres*.

Entre outros atributos, Krauze compõe o ditador latino-americano como um fenômeno político, identificado não pela ideologia, mas pela maneira como faz funcionar seu governo.

Claro, os governos autoritários não se restringem à América Latina ou às Américas em geral, infelizmente: o Irã, o regime dos aiatolás, pelas mãos de seu presidente, também impede o trabalho livre da imprensa; o governo chinês, com um medo enorme que o mundo e os próprios chineses descubram seus segredos, marcou até uma data para que os usuários do *micro-blog* Twitter passem a usar seus verdadeiros nomes. E até a democrática Grã-Bretanha teve um surto e, diante do escândalo do *News of the World*, jornal do império do australiano Rupert Murdoch, estuda uma nova autorregulação da mídia.

Jornalistas do *News of the World*, não custa lembrar, realizaram uma série de escutas ilegais durante dez anos, as quais atingiram, segundo a polícia, mais de 4 mil pessoas. O jornal foi fechado em 2011, mas a histórica democracia britânica questiona a decisão de um juiz, que sugeriu uma nova lei de regulação da mídia. Para ele, que defendeu a liberdade de imprensa, as empresas falharam na autorregulamentação, ao criar um mecanismo próprio sem interferência governamental.

Na Itália, a jornalista Federica Angeli vive desde 2013 sob escolta policial, ano em que começou a farejar o crime organizado na região de Óstia, porto de Roma. Ela encontrou rastros de uma organização mafiosa e publicou reportagem no jornal *La Repubblica*; na sequência, 51 pessoas foram presas. Há pelo menos 12 jornalistas que vivem sob escolta policial na Itália, como informam os Repórteres sem Fronteiras.

A brutalidade política contra os jornalistas não escolhe bandeiras: é praticada por ditadores tanto de direita como de esquerda.

Aí, o que vale é a permanência no poder, a ausência completa de crítica, a tentativa desesperada de conferir um tom democrático às ações autoritárias. Tudo vale para mostrar normalidade em governos anormais. E a publicação de notícias, a análise, a crítica pontual e opinativa incomodam demais. Ditadores não gostam de ser contestados, de ver seus planos questionados.

Daí, a afirmação: ditador não tem partido nem caráter – sua política é continuar no poder, mesmo diante de um Estado fraco. E a fraqueza do Estado é claramente demonstrada na medida em que o ditador só prevalece na base da força, da coerção, da censura. E os novos meios de comunicação – acessíveis a todos – atrapalham isso, porque proporcionam liberdade. O governante incomodado tenta sufocar as opiniões, exaltando a manutenção da ordem, o que nada mais é do que a tentativa de preservação do *status quo*.

Nesse quadro, a ação da China é cruel, e vejam que aí não há um nome de ditador, um legado familiar – o modelo autoritário é comandado pelo Partido. O sistema de divulgação dos fatos é de uma rigidez extrema. Nada pode contrariar as determinações do Partido. Os exemplos são vários. Além do caso famoso de bloqueio de informações do *site* de buscas Google, só saem do país as informações que o governo quer; se isso não acontece, o meio de comunicação sofre as penalidades devidas, e de diversas formas.

Esse fato apenas comprova uma pesquisa realizada pela *Freedom House* – uma organização sem fins lucrativos, fundada por Eleanor Roosevelt, em 1941, que promove a defesa dos direitos humanos, a democracia, a economia de livre mercado, o Estado de direito e os meios de comunicação independentes – não faz muito tempo, e que põe em xeque a impressão de que as novas plataformas de comunicação servem apenas para dar mais igualdade às manifestações de pensamento.

Para a *Freedom House*, apenas 14% da população do planeta desfruta de plena liberdade de expressão e vive em países onde jornalistas não são ameaçados, onde não há interferência do governo e onde a imprensa não é submetida a pressões econômicas ou jurídicas.

A China tem uma visão especial sobre "democracia". Em 2011, os Estados Unidos quiseram saber por que a China estava impedindo empresas norte-americanas de oferecerem serviços via Internet. O governo chinês foi claro e breve: o propósito era "manter um bom ambiente de

Internet e proteger o interesse público"[54]. Com base nessa premissa, confiscou 15 milhões de publicações (panfletos, livros, jornais e revistas) e fechou 28 mil páginas da web consideradas "ilegais".

Dentro de seu perfil liberal, jornais como o *New York Times*, o *International Herald Tribune* e a agência *Bloomberg* publicaram reportagens sobre o enriquecimento de líderes chineses, entre eles Wen Jiabao, um dos homens fortes do comando chinês. Foram, então, impedidos de cobrir a cerimônia de apresentação dos novos integrantes do Comitê Permanente do Politburo, em novembro de 2012, final do 18º Congresso do Partido Comunista da China. Só cobre o evento quem recebe um convite da organização.

Porém, o governante mais explícito em relação à ojeriza à imprensa sem dúvida é o presidente da Turquia, Recep Tayyip Erdogan. Não faz muito tempo (final de 2018) que, sem maiores ressalvas, ele disse sem pudor que não pode haver uma democracia com veículos de imprensa porque os jornais não mostrariam o que o povo pensa.

Disse ele, invertendo toda a ideia de que sem liberdade de expressão e de imprensa não pode haver democracia:

> Se há um povo, há democracia; se não há povo, não há democracia. Com os veículos de imprensa e essas coisas, não pode haver democracia. Se um político tem medo do que vai sair na imprensa, não pode fazer uma política sólida[55].

Em 2019, a Turquia era um dos países com maior número de jornalistas presos (143).

A Arábia Saudita foi ainda mais longe. O governo saudita – mais especificamente o príncipe herdeiro Mohammad bin Salman – está sendo acusado diretamente pelo assassinato e esquartejamento do jornalista Jamal Khashoggi, no consulado do país em Istambul, na Turquia. Khashoggi era colunista do *Washington Post* e ácido crítico do governo de Riad. Nuvens negras encobrem o caso, porque interesses políticos contribuem para isso: a Arábia Saudita é forte aliada dos Estados Unidos.

A violência e a intolerância contra as críticas de jornalistas são tão fortes que a própria revista *Time* – que, de fato, já foi mais brilhante

---

[54] *O Estado de S. Paulo*, 2011.
[55] G1, 2018.

e conceituada, mas que ainda detém alguma influência – deu a capa da edição festiva de 2018, de sua famosa "pessoa do ano", para vários jornalistas presos ou mortos por regimes ditatoriais ou que não prezam a liberdade de imprensa, além de ter homenageado um jornal norte-americano que teve cinco repórteres mortos em um tiroteio. Esse prêmio é concedido desde 1927.

A tentativa de um controle, digamos, "mais ativo", do governo brasileiro sobre os órgãos de imprensa foi materializada com a polêmica proposta de criação do Conselho Federal de Jornalismo e dos Conselhos Regionais, no segundo governo Lula. Foi uma dura luta da área de Jornalismo das emissoras de televisão e de todos os jornais para que a ideia fosse abandonada.

A controvérsia consumiu horas da televisão e muitas páginas de jornais e revistas. De um lado, vinha o governo, como dizia o então assessor de imprensa de Lula, o jornalista Ricardo Kotscho, que o Conselho seria criado para

> defender a dignidade e a ética exigidas no exercício da profissão, para garantir à sociedade a plenitude da liberdade de imprensa, e não a liberdade para alguns profissionais e algumas empresas divulgarem o que bem entendem a serviço de seus interesses[56].

Alguns outros membros do governo foram além. Quando era o ex-poderoso secretário de Comunicação e Gestão Estratégica do governo Lula, o ex-sindicalista Luiz Gushiken (falecido em 2013) cunhou a expressão que marcou o episódio: "Nada é absoluto, nem a liberdade de imprensa"[57]. A reação foi grande, até mesmo dentro do PT e entre pessoas identificadas com o partido.

Em um momento de lucidez, a Câmara dos Deputados matou o projeto, que previa punições para os profissionais que cometessem irregularidades, que poderiam ser de advertência, multa, censura, suspensão ou até cassação do registro.

Durante os 14 anos de governo do PT, um assunto que sempre pairou sobre a mídia foi a chamada "regulação dos meios de comunicação", um tema controverso. Para uns, é uma forma de democratizar a informação,

---

[56] Kotscho, 2004.
[57] Scolese, 2004.

impor limites aos oligopólios da mídia. Para outros, a regulação é um eufemismo que procura limitar a liberdade de expressão.

Quando se espera que, cada vez mais, as pessoas possam expressar seus pontos de vista, como fazem os frequentadores das redes sociais sem a menor cerimônia e sem apego ao bom senso, é difícil aceitar que leis ou regulações sejam capazes de frear as vontades ou as tendências. Ou há liberdade ou não há. Se existem injúrias ou notícias falsas, esses erros ou pecados morais devem ter suas próprias leis punitivas.

Em 2016, Thomas Kent, editor da Associated Press, escreveu um artigo para a *Revista de Jornalismo da ESPM*, no qual levanta algumas questões. Diz ele:

> A maioria dos países tem leis contra a calúnia e a difamação, apologia ao crime, invasão de privacidade, fraude e manipulação de mercado. Portanto, devemos perguntar: quais os problemas que a legislação de hoje não resolve? E qual é o mínimo de regulação que precisamos para solucioná-los[58]?

Cada país tem sua própria forma de regular ou, pelo menos, de limitar o trabalho da imprensa. Mas uma democracia exige que esse trabalho sensível seja feito com sutileza, para não arranhar o princípio básico da liberdade de expressão. Na realidade, a solução para essa questão está no profissionalismo e na responsabilidade de quem transmite a informação.

Em um livro de 2008, que infelizmente não foi traduzido para o português, o veterano professor da Universidade Columbia, Michael Schudson, analisa todos os incômodos provocados pelos jornalistas e pela imprensa em geral, ao tratar da formação da opinião pública. O título do livro diz tudo: *Why democracies need an unlovable press* ("Por que as democracias precisam de uma imprensa desagradável", em tradução livre).

Em seu trabalho, Schudson cita exemplos de atos de autoritarismo, de políticos à esquerda e à direita, e aconselha os jornalistas a aproveitarem os avanços da tecnologia para se aprimorarem e, sobretudo, para se dedicarem cada vez mais à tarefa de verificar suas fontes e informações para um trabalho mais seguro, qualquer que seja sua dimensão.

---

[58] Kent, 2016, p. 40.

Na verdade, há pelo menos três maneiras de interromper ou impedir o trabalho natural da imprensa e, com isso, coibir a circulação de informações:

- a ação predatória dos governantes, que procuram desvirtuar a natureza das informações, ou mesmo obstruir as informações das formas as mais diversas – contando também com as autocensuras promovidas nos meios de comunicação, pelo temor das represálias inevitáveis e pelo receio de perder anunciantes;
- as crises econômicas que vez por outra estouram no mundo capitalista, por vários fatores;
- a falta de visão dos proprietários dos meios de comunicação, devido ao avanço das novas mídias e à intromissão nas redações em função de seus interesses.

Muitos jornais tradicionais desapareceram em todo o mundo, tendo como causa as três assertivas citadas. E quem fica espremido entre uma gestão débil e o desemprego é o jornalista.

Nós, robôs

Além de todas essas ameaças, uma nova talvez seja a mais feroz de todas: é a chegada da inteligência artificial (IA) às redações. É apenas o desdobramento de uma tendência que já inquieta outras profissões, como a de contador, de recepcionista, de advogado e até de médico. Há um estudo que diz que exames de laboratório ou avaliações para se prescrever medicamentos são mais precisos quando realizados por máquinas do que por seres humanos.

Não faz muito tempo, na véspera de mais uma reunião do Fórum Econômico Mundial, em Davos, na Suíça, um relatório intitulado *Futuro dos empregos* mostrou que, em muitos países e indústrias, boa parte das especialidades que existem atualmente não existia há dez anos. E que, nesse ritmo, 65% das crianças que chegam ao ensino fundamental hoje vão acabar trabalhando com sistemas e processos que ainda nem existem.

Mais que isso, essa nova revolução industrial pode mudar radicalmente o perfil do mercado de trabalho, no qual 5 milhões de empregos seriam aniquilados até 2020 – já passamos por esse momento e constatamos o fato. O Brasil pode ser atingido em cheio, assim como outros 15 países pesquisados. E, claro, uma das profissões que vão sofrer com isso é a de jornalista.

Nos Estados Unidos, há alguns anos, a *startup* Narrative Science lançou o *software* Quill, capaz de produzir textos curtos, a partir da implantação e da interpretação de milhares de dados. A agência Associated Press já usa esse *software* para a produção de notícias sobre finanças, mas pensa em substituir jornalistas em outras áreas, como a de esportes.

Mais recentemente, o professor de mídia e comunicações Christer Clerwall, da *Karlstad University*, na Suécia, fez uma pesquisa com 46 alunos de Jornalismo, que realizaram uma avaliação de textos produzidos por jornalistas e robôs. E os robôs não fizeram feio: as matérias do *software* foram descritas como informativas, precisas, confiáveis e objetivas.

Ainda em 2018, em um encontro realizado no Rio de Janeiro, para que fossem discutidas as relações entre tecnologia, criatividade e sociedade, o bioeticista e sociólogo norte-americano James J. Hughes afirmou com firmeza que "as máquinas eventualmente farão tudo o que nós fazemos, mas melhor, mais rápido e mais barato. O Jornalismo não vai escapar disso"[59].

Alexander Howard, colunista do *site* TechRepublic, em uma palestra para estudantes de comunicação, em São Paulo, foi mais direto e fez um alerta aos que pretendiam cursar Jornalismo: "Seja excelente ou você será substituído por um robô. Algumas redações já apostam em reportagens feitas por algoritmos. Se você não se destacar, vai ser trocado"[60]. Então, vemos que todas as aptidões têm de ser estimuladas e desenvolvidas pelas escolas de Jornalismo, que devem saber explorar ao máximo as qualidades do futuro profissional.

Howard acredita que a maneira como o jornalista vai usar os dados para contar suas histórias é o que vai fazer a diferença entre o profissional e o algoritmo. "Isso é usado há séculos. Os romanos trocavam informações com dados sobre produtos e preços. Podemos dizer que o Jornalismo de dados é o nosso presente"[61].

---

[59] Brito, 2018.
[60] Carvalho, 2014.
[61] Idem.

Muitos acreditam que, em pouco tempo, 90% das notícias serão escritas por robôs, que certamente serão mais elaborados e terão custo mais baixo, já que não reivindicam salário, nem têm sindicato. Vai restar aos jornalistas de hoje se colocarem como colunistas, posição que certamente não os deixará livres de outras ameaças.

E é sempre bom nos lembrarmos das pregações quase religiosas do engenheiro, empresário e visionário norte-americano Raymond Kurzweil, que, em seu livro *A era das máquinas espirituais*, dispara previsões alucinadas do que poderá acontecer daqui para a frente em nosso ambiente. Dizia ele, ainda no final do último século, que os computadores já estavam superando a inteligência humana em vários domínios, e que essa inteligência artificial ainda permanecia robusta e flexível. Essa disparidade, porém, duraria pouco tempo.

Diz ele:

> Os computadores dobraram de velocidade a cada três anos no começo do século XX, a cada dois anos nas décadas de 1950 e 1960, e estão agora dobrando de velocidade a cada 12 meses. Esta tendência irá continuar, e os computadores atingirão a capacidade de memória e a velocidade de computação do cérebro humano por volta do ano 2020[62].

E nós já passamos por esse ano.

Pelas previsões de Kurzweil, a tendência é de que até 2099 ocorra uma fusão do pensamento humano com o mundo da inteligência das máquinas que, aliás, foram criadas pelos seres humanos. Mas é bom ficarmos por aqui, lutando no nosso cotidiano já suficientemente sufocante, antenados, mas aguardando os próximos acontecimentos. Sem dúvida que essas ideias são fascinantes.

---

[62] Kurzweil, 2007, p. 19.

10

O bicho-papão

...

Eu acho que não conheço um político que não se queixa da imprensa. Você é capaz de chegar num político da oposição, ele está se queixando da imprensa. Você chega num da situação, ele se queixa da imprensa. Eu nunca vi alguém dizer: 'Não, essa aí está fazendo o meu joguinho'. Eu já vi o presidente Itamar se queixar, já vi o presidente Sarney se queixar, já vi o Fernando Henrique Cardoso se queixar, já me queixei. Você vai para a oposição, é a mesma coisa. 'Não, porque a imprensa só fala do governo, a imprensa não sei das quantas'. Eu, no fundo, acho que a imprensa é um bom remédio para a gente consolidar a democracia em qualquer país do mundo, para fiscalizar a administração pública. E por mais que você não goste, sem ela nós não teríamos democracia. E nos momentos históricos em que não tivemos ela, todos nós sabemos o preço que pagamos[63].

---

[63] *O Estado de S. Paulo,* 2005, p. A10.

Essa declaração enfática, surpreendente, quase em tom de desabafo, foi feita – como se nota pelo estilo – por Luiz Inácio Lula da Silva, em sua primeira entrevista coletiva à imprensa, em 29 de abril de 2005, dois anos e quatro meses depois de tomar posse. A declaração foi feita de passagem, no meio da resposta sobre outro assunto que nada tinha a ver com o tema, mas serve de base para se ter uma ideia do que pensa – ou pensava – o ex-presidente sobre as relações entre governo e imprensa, entre políticos e jornalistas. Uma parceria que, em algumas circunstâncias, vive momentos de tensão e, em outras, uma calmaria completa. Uma relação que faz parte do jogo democrático, embora o dia a dia esgarce essa convivência elétrica.

A imagem do jornalista, e ultimamente e com mais força, do telejornalista ou jornalista de televisão, é a imagem de um ser poderoso, que tem nas mãos a vida de políticos, autoridades, artistas e celebridades, enfim. Essa é a ideia dos leigos, que acreditam que o jornalista é o verdadeiro super-homem, que pode tudo, que está disposto, a todo momento, a sair em defesa dos fracos e oprimidos, fazer denúncias, desmascarar falcatruas e caçar corruptos.

Essa auréola tem suas razões, já que a função do jornalista é a da eterna procura e permite que ele tenha acesso aos poderosos, aos governantes; e assim, de posse de informações privilegiadas, ele pode denunciar casos tenebrosos, questionar figuras públicas e sair como o grande defensor da ética e da moral. O que os leigos esquecem é que o jornalista sempre trabalha para uma empresa que tem um dono – que nem sempre é jornalista – e que defende teses nem sempre as mais respeitáveis e que dificilmente coincidem com o que pensa o profissional. Não raro, por outro lado, um ou outro telejornalista passa a fazer parte do rol de celebridades, disputando o posto com seus entrevistados.

Cabe aqui um parêntese. Alguns jornalistas de televisão assumem, vez por outra, o posto de celebridade (subcelebridade?), brindados pelos próprios "coleguinhas", envolvidos pela magia da televisão. A força da TV inverte os papéis, pelo poder da audiência, da exposição pública, e proporciona, a quem tem o dever de apenas dar a notícia, o papel que pertence ao outro lado.

Assim, jornalistas, que não deveriam **ser** notícia, são tema de reportagens em revistas, jornais, cadernos de televisão, de variedades.

Exemplos clássicos: Lillian Witte Fibe, que foi capa duas vezes da revista *Veja*, uma delas quando inaugurou uma nova fase do *Jornal da Globo*; e Ana Paula Padrão, que, ao deixar a TV Globo para assumir um telejornal no SBT, foi capa da *Veja São Paulo* (título: "Agora ela é a notícia"), do caderno de TV de *O Estado de S. Paulo*, de várias revistas femininas, e tema de reportagens em jornais e na internet.

No caso de Ana Paula, há uma clara provocação dos concorrentes e similares contra a Globo. Em um patamar um pouco menos desatinado, houve o caso de Carlos Nascimento, quando também trocou a TV Globo pela Bandeirantes; o de Alexandre Garcia, quando saiu da TV Manchete para a TV Globo e ganhou páginas na *Veja*; até mesmo eu ganhei meia página no *Jornal do Brasil*, em 1992, quando deixei a Globo para assumir a Diretoria de Comunicação da Confederação Nacional da Indústria (CNI). Um exagero que persiste.

É a pauta do Jornalismo em cima do Jornalismo. Hoje, com as mídias sociais e as revistas de entretenimento ganhando força, há muito jornalista deslumbrado fazendo plantão em colunas de variedades para se mostrar engraçadinho ou pouco convencional, virtudes que nada têm a ver com a profissão.

O jornalista é, na verdade, um ser frágil, na maior parte das vezes um tímido, com a sensibilidade à flor da pele, que vive sob tensão constante e que, por isso, está no segundo lugar da longa lista de profissões estressantes. É certo que a possibilidade que têm de questionar pessoas coloca esses profissionais na fronteira da prepotência, da "propriedade" da verdade. Mas isso não pode fazê-los passarem por defensores das massas. Talvez, apenas, e modestamente, de suas próprias ideias.

Só tem noção do volume de estresse que os jornalistas carregam pela vida quem viveu um momento de fechamento de edição de um jornal, e principalmente de um telejornal. Eu já participei dos dois casos, e o nível geral de tensão é tremendo. Quem manda na condução dos jornais é um deus chamado *deadline*, o limite de tempo que se tem para fechar a matéria.

Os homens e as mulheres que se dedicam ao Jornalismo são, no fundo, guerreiros e, como diz a canção de Gonzaguinha: "Guerreiros são pessoas / são fortes / são frágeis / guerreiros são meninos / no fundo do peito / precisam de um descanso / precisam de um remanso / precisam de um sonho / que os tornem refeitos".

Ninguém soube tanto dar guarida às necessidades e às expectativas daqueles que começavam a criar e modelar o Jornalismo vitorioso da TV Globo, em meados da década de 1970, como os jornalistas Luiz Fernando Mercadante e Armando Nogueira. Época difícil, de ditadura, tempo de censura e de autocensura, quando trabalhar em televisão era mais do que um risco profissional: era quase pôr a própria vida em risco. Eles deram carinho, ternura, palavras amenas e até colo a um grupo de guerreiros que enfrentaram lágrimas e riscos e pôs em pé uma ideia grandiosa.

Ligações perigosas

Não é possível falar de política e de políticos, nos jornais e na televisão, sem falar da importância do jornalista, do repórter, do comentarista, ainda que esse não seja o objeto central deste livro. Mas como o jornalista e o jornalista de televisão têm presença marcante na *performance* de cada político e no desenrolar da política, é conveniente mostrar que esse profissional não é nenhum bicho-papão.

O jornalista Luis Weiss, em seu *blog* "Verbo Solto", ancorado por sua vasta experiência, definiu sua visão do que é a mídia e do que é o jornalista. Disse ele:

> Em parte nenhuma do mundo a mídia é uma confraria de querubins. Para levar ao público fatos e ideias com honestidade – errando de boa-fé, não de propósito –, o Jornalismo que se dá o respeito é uma caminhada sem fim sobre o fio de uma navalha manejada pela imensa massa de interesses que competem entre si por poder, riqueza e prestígio nas democracias de massa e economias de mercado[64].

Quer queira, quer não, o político depende da mídia e, em última análise, do jornalista. Ou talvez seja o contrário, tão próximos estão jornalistas e políticos. Em entrevista para este livro, José Bonifácio de Oliveira Sobrinho disse que a seriedade do político poderia ser medida pela distância que ele tem do jornalista. O mesmo aconteceria com o jornalista, que, para provar imparcialidade, teria de ser poupado de um contato mais próximo com políticos. Esse contato deveria acontecer

---

[64] Weiss, 2005.

apenas na medida da necessidade profissional, longe das relações promíscuas a que assistimos tantas vezes.

Armando Nogueira, diretor da Central Globo de Jornalismo durante 25 anos – e que, no final de sua rica existência profissional, fez o que realmente gostava, que era escrever, discutir e falar sobre esporte, principalmente futebol –, sempre fazia questão de dizer: "*Eu não tenho amigos no poder; eu tenho fontes*".

Armando sempre procurou ficar longe do contato com os políticos e o poder, mesmo comandando durante tanto tempo um dos postos mais importantes do Jornalismo nacional. Até porque adiantaria muito pouco. Na maior parte do tempo em que dirigiu a Central Globo, de 1966 a 1990, tanto ele quanto outros diretores de redação da emissora recebiam orientação dos militares e da Divisão de Censura de Diversões Públicas (DCDP). E também porque, na área política, o último a dar a palavra era sempre o dono da empresa, o também jornalista Roberto Marinho, falecido em 2003. E disso ele não abria mão.

A distância que separa os jornalistas dos políticos é um assunto polêmico. Para quem cobre a área política, para os que bebem diariamente dessa água nem sempre cristalina – na maior parte das vezes difícil de engolir –, a proximidade com as informações que brotam das fontes políticas é fundamental para compor o noticiário.

Principalmente agora, que vivemos uma democracia. Aquele detalhe, aquela informação escondida a sete chaves, só é possível obter se há uma relação de confiança entre as partes. Portanto, o contato diário e permanente entre políticos e jornalistas é básico. Uns dependem dos outros.

No caso dos comentaristas políticos, todo cuidado é pouco, pois as relações, de tão estreitas, podem ser confundidas com imoralidade, promiscuidade, despudor. O experiente jornalista Villas-Bôas Corrêa, falecido em 2016, em várias passagens de seu livro *Conversa com a memória*, conta que se viu envolvido por uma fonte que se tornou amigo, tão próximo era o contato diário. E mais, diz ele: "Nos fins de semana, pelo menos uma ou duas vezes por mês, almoço ou jantar na casa de político ou de um de nós, ampliava o relacionamento familiar"[65]. Mas

---
[65] Villas-Bôas Corrêa, 2002, p. 62.

é claro que, quando se separa esse contato mais próximo do resultado final, na reportagem ou no artigo,

> a reportagem política definiu os setores de cobertura e cunhou o modelo da isenção, da análise interpretativa, da credibilidade baseada no distanciamento partidário e ideológico, do compromisso ético com a imparcialidade[66].

Os jantares promovidos por muitos jornalistas, com a presença de políticos – e às vezes até em homenagem a eles – têm quase sempre o caráter de uma grande coletiva, uma tentativa de aproximação, de manter certa intimidade: os políticos estão ali para falar, e os jornalistas, para ouvir, sem anotar. Isso se chama "cultivar a fonte". E os nomes variam de acordo com o cargo, não com as pessoas – portanto, não há amizade. Variam de acordo com a importância, com a simpatia, com a ligação profissional. Muitos já passaram pelo estrelato, muitos caíram no esquecimento. Poucos permaneceram.

No entanto, que ninguém se iluda. O alemão Max Weber, em seu livro *Ensaios de sociologia*, no capítulo "A política como vocação", vai direto ao ponto. Em determinado momento, Weber explode em seu texto:

> As exigências íntimas que se voltam precisamente sobre o jornalista de êxito são especialmente difíceis. Não é, na verdade, problema pequeno frequentar os salões dos poderosos em aparente pé de igualdade e, geralmente, ser lisonjeado por todos, porque se é temido, sabendo porém durante todo o tempo que, mal fechada a porta, o anfitrião talvez tenha de se justificar perante seus hóspedes pela sua associação com os 'lixeiros da imprensa'[67].

Mas, diante de todo o cenário que se apresenta e de uma suposta admiração por todos à sua volta, alguns jornalistas se deixam levar pelo hipotético encanto da profissão – e pelo fato de que, realmente, têm influência nos fatos. Eles esquecem que, na sua essência, Jornalismo é fazer perguntas e conseguir respostas, apesar de todas as definições que existem.

---

[66] Villas-Bôas Côrrea, 2002, p. 62.
[67] Weber, 1963, p. 120.

O escritor inglês Evelyn Waugh carrega nas tintas ao pintar o caráter do jornalista emprenhado pela fama, pela popularidade, ou mesmo por sua condição de ser o intermediário, por estar entre a notícia e o leitor. Pode-se constatar isso em seu livro *Furo!*, de 1938, uma sátira aos correspondentes estrangeiros. Na obra, ele mostra que, apesar de todos os pesares, de um modo geral o jornalista se orgulha de seus privilégios e do acesso fácil que pode ter às autoridades. Waugh disserta sobre como o jornalista preza esse acesso e se vangloria de poder e como, invariavelmente, é recebido com sorrisos, embora nem sempre sua presença seja algo prazeroso.

Fernando Lyra, político pernambucano que foi um dos alicerces da Nova República de Tancredo Neves, muito espirituoso, sempre dizia que tinha pena do profissional que manejava a câmera do estúdio. E me confidenciou: "*Ele sempre fica atrás do foco. Eu não aguentaria isso. Meu lugar é sempre na frente da lente*".

Entre tapas e beijos

Essa miscelânea tem um caso padrão. Era a amizade entre o jornalista Expedito Filho e o deputado (já falecido) Ricardo Fiúza, sempre considerado um político de direita, ligado aos militares, líder do antigo PFL e ministro de Fernando Collor, mas uma fonte jornalística exuberante. Em determinado encontro, entre um uísque e outro, o amigo Fiúza, então ministro da Ação Social de Collor, confessou ao amigo Expedito que, pela vida, havia até ganhado um *jet-ski* e 100 mil dólares da construtora baiana OAS, para sua campanha. O jornalista, que trabalhava na *Veja*, saiu dali e não teve dúvida: na edição seguinte da revista, publicou a conversa. Logo depois, Fiúza foi envolvido na Comissão Parlamentar de Inquérito (CPI) do Orçamento – a dos "anões" – e seu mandato ficou por um fio.

O caso do *jet-ski* não foi determinante, mas compôs o quadro contra o deputado-ministro, que quase abandonou a política. Isso aconteceu em 1991 e, na eleição seguinte, Fiúza não se candidatou. Sua vaga, na chapa do partido, foi ocupada por Severino Cavalcanti. Deu no que deu.

O caso mais notório de preservação de fonte seguramente é o escândalo Watergate, que derrubou o presidente dos Estados Unidos, Richard Nixon, em 1974. Benjamin Bradlee – então diretor do

Washington Post – e Bob Woodward e Carl Bernstein, repórteres, guardaram por mais de 30 anos o segredo da fonte que deu as informações que levaram à deposição de Nixon, porque prometeram revelá-la apenas depois de sua morte. Em 2005, aos 91 anos, o ex-número 2 do FBI, W. Mark Felt, preferiu acabar com o mistério antes do tempo: ele se apresentou como o *Deep Throat* (Garganta Profunda), o personagem central do caso, a raiz de todas as reportagens da dupla de repórteres. Nem por isso os dois se tornaram amigos de Felt, agora tratado como herói e traidor.

O relacionamento de Carl, Bob e Felt é típico do jogo de interesses que cerca a aproximação de fontes e repórteres: um lado querendo passar uma informação, por qualquer motivo que seja – no caso de Felt, a tentativa de preservar sua instituição e seu rancor por não ter sido indicado por Nixon para número 1 do FBI; do outro, o repórter, louco por um furo de reportagem, uma informação nova e importante, que possa abalar estruturas, ou pelo menos contribuir para esclarecer fatos e abrir a cabeça da opinião pública.

Nesse ponto, confessa Villas-Bôas em seu livro:

> O tempo e a experiência ensinam a conhecer a fonte em que se pode confiar de olhos fechados. Perdão, com um dos olhos cerrados e o outro entreaberto para a necessidade de testar cada informação. Sempre que possível. Nem sempre é[68].

A comprovação mais clara de que jornalista e fonte se completam está, mais uma vez, nos Estados Unidos, onde a imprensa é bastante ativa e ferina. O ex-presidente Bill Clinton tentou viver sem os jornalistas, praticamente fechando as portas de seu primeiro governo para a imprensa. O reflexo foi imediato: a lentidão das primeiras ações do governo foi consequência de uma operação-tartaruga deflagrada pelos jornalistas, bem como motivo da queda de Georges Stephanopoulos, o homem de comunicação do governo. Um providencial churrasco nos jardins da Casa Branca amenizou o clima tenso.

Aqui no Brasil, o respeito é mútuo. Foi-se formando assim ao longo do tempo. A televisão, com sua difusão mais profunda, seu alcance popular imediato, só fez aumentar esse respeito, que às vezes chega ao

---

[68] Villas-Bôas Corrêa, 2002, p. 100.

temor. Temor esse principalmente em relação aos telejornalistas, que têm acesso direto ao veículo e mais empatia com o público. Isso ocorre a tal ponto que há mesmo certa confusão sobre o papel do jornalista. Ele não seria apenas a ponte entre a notícia e a sociedade, mas um elemento de interferência no fato, com poderes maiores dos que realmente têm.

Em Brasília, a aproximação entre jornalistas e políticos é marcante. Os jornalistas que cobrem o Congresso certamente vivem mais tempo lá dentro do que os próprios deputados e senadores, que chegam no meio da semana e se vão antes de chegar o sábado. Normalmente, os políticos vêm sozinhos, deixam suas famílias nos estados onde moram, onde têm suas bases eleitorais. Na capital da República, sofrem com a solidão e frequentam diariamente os bares da cidade.

E não é raro um jornalista promover uma festa, em sua própria casa, e convidar os políticos – com segundas intenções, é claro: com a intenção de ganhar mais intimidade, o que leva a notícias exclusivas, a possibilidade de abertura de caminhos para obter informações de bastidor. Porque o que o jornalista sério quer é isso: informação, e quanto mais exclusiva, melhor. A sabedoria está em criar um divisor de águas perfeito, entre o particular e o público, se bem que é muito difícil existir uma amizade franca entre político e jornalista: o interesse de um sempre vai se chocar, ao final, com o interesse do outro.

Na verdade, políticos, imprensa, governo e televisão são grupos siameses que sempre viveram entre tapas e beijos. A definição de "siameses" foi dada pelo ex-senador pernambucano – e ex-vice-presidente da República – Marco Maciel, falecido em 2021, que acreditava que jornalistas e políticos têm tudo a ver, desde o interesse pelos mesmos assuntos até o estresse.

Se os jornalistas sempre foram tratados com reverência pela classe política – que sempre pôs à disposição cargos e mordomias para jornalistas, na esperança de ter em troca já se sabe o quê –, com a chegada da televisão, o relacionamento ficou mais complexo. Porém, o distanciamento é fundamental para o trabalho de todos.

O meio de campo

Um caso exemplar dessa simbiose aconteceu com o jornalista Alexandre Garcia, que, depois de trabalhar por longo tempo na imprensa privada, assumiu uma Subsecretaria de Imprensa do governo João Figueiredo, em 1979. Quando deixou o Palácio do Planalto, foi ser funcionário de Adolfo Bloch, na famosa revista *Manchete*. E os pontos de encontro e de interferência começaram exatamente aí. Alexandre conta detalhes disso em seu livro *Nos bastidores da notícia*, de 1990.

Em uma viagem de Figueiredo à Colômbia, lá estava Alexandre fazendo seu trabalho para a *Manchete*. Junto com ele, Oscar Bloch, irmão de Adolpho – que era o proprietário da empresa e muito ligado ao ex-presidente Juscelino Kubitschek. Figueiredo, em determinado momento, passou por Oscar e foi explosivo, como, aliás, era de seu estilo: "Assim eu não vou dar a televisão para vocês. Eu estive vendo a *Manchete*, é uma vergonha. Só dá bicha e mulher pelada e você vai botar isso na televisão"[69].

Oscar ficou desesperado. A concessão de que falava o presidente era parte da esquartejada e falida TV Tupi, a primeira emissora de televisão brasileira, que tinha sido de Assis Chateaubriand, e cujo canal era agora cobiçado pelos Blochs. Figueiredo queria dividir o sinal da Tupi entre duas empresas com canais espalhados pelo país. Só que eram vários os grupos interessados: Silvio Santos, Bloch, Abril (da família Civita), Grupo Visão (de Henry Maksoud) e o *Jornal do Brasil*. Ainda havia incerteza sobre quem seriam os futuros concessionários – naquele tempo, quem decidia, no fim, era a mão do presidente da República.

De qualquer forma, Oscar não teve dúvida alguma e pediu para Alexandre fazer esse meio de campo. O jornalista ligou para Carlos Átila, o porta-voz da Presidência, seu colega de trabalho no começo do governo, e pediu um encontro com o presidente. E eles realmente se encontraram no café da manhã do dia seguinte, no Hotel Tequendama, em Bogotá. Alexandre fez um discurso dramático e prometeu, em nome de Oscar, não mostrar na TV mulheres nuas no Carnaval, como fazia na revista.

Figueiredo ouviu e amoleceu. Não por Oscar, mas por Alexandre, em quem confiava. Em março de 1981, o presidente assinou o decreto, concedendo quatro canais a Silvio Santos (Tupi de São Paulo, Marajoara de Belém, Piratini de Porto Alegre e Continental do Rio) e cinco à empresa Bloch (Rádio Clube do Recife, Ceará de Fortaleza, Tupi do Rio, Itacolomi de Belo Horizonte e Excelsior de São Paulo), para espanto

---

[69] Garcia, 1990, p. 188.

da família Marinho, dona da concessão da Globo, e da família Saad, dona da Bandeirantes. Afinal, tinham ganhado não um, mas dois concorrentes de peso. Alexandre, porém, jamais foi diretor de Jornalismo da Manchete; foi apenas seu diretor em Brasília.

Bloch também teve ajuda de muitas pessoas, algumas inesperadas, como o próprio Roberto Marinho, que, apesar de ganhar mais um concorrente, sempre torceu para que ele conseguisse a concessão – acreditava que Bloch era o mais fraco entre os outros pretendentes.

Conta Jorge Serpa, eterno auxiliar de Marinho, no livro que Pedro Bial escreveu logo após a morte do presidente das Organizações Globo: todo o projeto da Manchete foi feito pelo Grupo Globo, atendendo a um pedido direto do dono da Bloch. "Quando se inaugurou a [Rede] Manchete, as primeiras palavras do Bloch foram de agradecimento a Roberto Marinho", diz Serpa no livro de Bial[70].

No entanto, foi o presidente João Figueiredo quem deu a Alexandre o presente maior: sua última entrevista como chefe de governo, para a televisão, que é citada como a despedida do general de sua vida pública. No fim da entrevista, quando perguntado se queria mandar alguma mensagem para a população, no momento em que deixava a Presidência, Figueiredo respondeu:

> Bem, ao povo, povão, que será pelo menos 70% dos brasileiros que estão apoiando Tancredo Neves [...] desejo que eles tenham razão e que o doutor Tancredo consiga fazer um governo bom para eles. Desejo felicidades a eles. E que me esqueçam[71].

Não deixa de ser curioso que o ponto final de seu governo – que ele deixou pela porta dos fundos, por não querer transmitir o cargo ao sucessor, José Sarney (que assumiu o posto no lugar de Tancredo, doente) – tenha deixado como referência uma entrevista para uma rede de televisão. Figueiredo procurou sempre manter-se afastado da imprensa em geral e dos telejornalistas em particular.

Eu mesmo presenciei um desses destemperos do general, antes mesmo de ele assumir a Presidência, mas já ungido. O presidente foi a Campinas, cidade a 100 quilômetros de São Paulo, visitar uma irmã.

---

[70] Bial, 2005, p. 323.
[71] YouTube, 2016.

No aeroporto de Viracopos, surpreendentemente havia poucos jornalistas. A Globo estava lá, e eu, de plantão, com microfone em punho, encarei o virtual presidente.

"E então, presidente, quando o senhor anuncia o ministério?".
"Quando eu quiser".
"E quando o senhor vai querer?".
"Quando eu quiser querer".

Essa foi uma das principais matérias do *Jornal Nacional* e a manchete dos jornais do dia seguinte, principalmente pelo estilo seco e pouco cortês do futuro presidente, estilo que a imprensa começava a conhecer e teria de aguentar pelos próximos seis anos. Mas as emissoras de televisão sempre foram pacientes com as truculências de Figueiredo. Era um estilo que agradava de certa forma os meios de comunicação, pelo inusitado das atitudes de um presidente que dizia, no meio da rua, que "prendia e arrebentava" quem se opusesse à abertura democrática. Ou mesmo quando saiu no braço com estudantes, em Florianópolis.

Contudo, a inexistência de críticas por parte dos meios de comunicação de massa à figura do presidente tinha como motivo principal o poder do Executivo para liberar e proibir concessões, além de manter a censura sob controle, por meio do DCDP. A troca do temor pelo respeito só aconteceria efetivamente na Nova República, com o governo Tancredo-Sarney, quando o ministro Fernando Lyra pôs um fim definitivo à censura. Também mais tarde, quando o processo de concessão de canais de rádio e televisão começou a mudar. Eram os novos ares da **liberdade**.

Papéis trocados

Diante dessa simbiose, é curioso observar a quantidade de jornalistas que passam para o outro lado e se jogam de cabeça na política. Talvez contagiados pelo cotidiano político, pela proximidade com o poder. As tentativas são várias, e os exemplos, inúmeros. A credibilidade de alguns telejornalistas, por exemplo, fez com que fossem sondados para ocupar alguma cadeira no Parlamento. Falou-se muito que Boris Casoy, o então apresentador do *TJ Brasil*, da TV Record, partiria para a vida pública, pela postura indignada que demonstrava diante das mazelas políticas. E os rumores ficaram ainda mais acentuados quando, certa vez, Boris deu uma banana aos políticos durante o jornal. Foi uma atitude grotesca, mas popular – uma vez que todos gostariam de fazer o mesmo.

Ferreira Netto, outro jornalista experiente, já falecido, ousou mesmo se candidatar a senador, nas eleições de 1990, pelo PRN de Fernando Collor, mas sem sucesso – perdeu para Eduardo Suplicy, do PT. Ferreira se considerava amigo do ex-presidente e fazia questão de dizer que a entrevista que realizou com o candidato, em seu programa noturno da TV Record, dois dias antes do segundo turno, em 1989, ajudou na vitória de Collor. Na entrevista, o candidato disse pela primeira vez que Lula, se fosse eleito, congelaria a poupança dos brasileiros, o que na realidade ele próprio faria como primeiro ato de governo.

Outros jornalistas arriscaram e venceram. Como o falecido Prisco Viana (que chegou a ministro no governo Sarney), Ibsen Pinheiro (que foi presidente da Câmara, depois cassado), Milton Temer, Miro Teixeira (que chegou a ministro no governo Lula), Albérico Cordeiro, Edison Lobão (primeiro diretor da TV Globo, em Brasília, e quem conseguiu, junto ao governo do Distrito Federal, o terreno onde está instalada a emissora, na W3 Norte, na capital federal) e Ana Amélia Lemos (que foi durante décadas chefe do escritório da RBS em Brasília).

É o caso também do jornalista Hélio Costa, que durante anos foi correspondente da Rede Globo nos Estados Unidos, aparecendo todos os domingos no *Fantástico* – foi por meio de uma de suas reportagens que o Brasil tomou conhecimento de uma doença que viria marcar o século XX: a Aids. Ele foi deputado federal, senador, candidato a governador de Minas Gerais em 1994, e alcançou, em meados de 2005, um de seus objetivos: tornou-se ministro das Comunicações do governo Lula. Uma de suas medidas mexeu com um dos objetivos importantes da telecomunicação nacional. Hélio Costa descartou a possibilidade de o Brasil ter seu próprio padrão de TV digital. Esse era o desejo de um dos últimos ministros da pasta, o também jornalista Miro Teixeira, que teve carreira semelhante à de Costa. O senador mineiro afirmou que o Brasil não tinha condições porque não possuía recursos financeiros para isso. Naquela ocasião (julho de 2005), o país dispunha de apenas 80 milhões de reais para as pesquisas nessa área, enquanto o custo médio para uma empreitada assim estava em torno de 3 bilhões de dólares, como fizeram Japão e Estados Unidos.

Outros tantos jornalistas foram parar em câmaras municipais, assembleias estaduais e no Congresso Nacional, pelo caminho dos programas populares de rádio e televisão. Em 1990, Afanásio Jazadji, repórter policial, foi eleito deputado estadual em São Paulo com votação recorde; em 1992, Nelo Rodolfo, com um programa de rádio, foi o mais votado para a Câmara Municipal de São Paulo; e em 1994, Celso Russomanno, repórter do *Aqui Agora*, do SBT, foi eleito o deputado federal mais votado por São Paulo, e por três vezes quase conquistou a prefeitura de São Paulo.

O mesmo aconteceu com Antônio Britto, repórter e comentarista político da Rede Globo, que chegou a diretor de Jornalismo da emissora, em Brasília. Tancredo Neves deu o pontapé inicial em sua carreira política, quando o convidou para ser assessor de imprensa da Presidência da República. Cargo que não chegou a exercer efetivamente: ele atuou mesmo como porta-voz da agonia de Tancredo. Por suas aparições diárias nas televisões de todo o país, durante 40 dias, dando notícias sobre a saúde do presidente, Britto ganhou notoriedade, foi eleito deputado, brilhou na Assembleia Constituinte e tornou-se governador do Rio Grande do Sul.

Curioso é notar que a televisão era o principal veículo que informava ao Brasil sobre o calvário do presidente doente – tanto pelos boletins frequentes em frente ao Instituto do Coração, em São Paulo, onde ele estava internado, como pelos *briefings* de Britto. E foi pela televisão, no final da noite de um domingo, no *Fantástico*, que o porta-voz Antônio Britto anunciou a morte do presidente, no dia 21 de abril de 1985.

Um caso notório de passagem do Jornalismo para a política foi o do jornalista Fidélis dos Santos Amaral Neto, que jamais negou sua simpatia pelos militares. Nos anos 1970, ganhou um programa semanal na TV Globo – *Amaral Neto, o Repórter* – onde colocava no ar as belezas do país e as realizações do regime militar ("Esse é um país que vai pra frente"), como se fossem grandes reportagens. Chegou a deputado estadual pelo Rio de Janeiro e a deputado federal, líder de partido e um dos mais polêmicos parlamentares, a favor da pena de morte. Entrevistei-o várias vezes, em Brasília, e ele sempre mostrava sua mágoa com os militares, que impunham restrições – e mesmo censura – a seu trabalho: todas as cores favoráveis com que ele pintava o quadro político nacional não eram suficientes. Amaral Neto foi um dos últimos baluartes explícitos da direita política no país. Ainda não existia o bolsonarismo.

Na verdade, o Jornalismo sempre foi pródigo em fornecer à política profissionais brilhantes, como Carlos Lacerda, Pompeu de Souza, Hermano Alves, Márcio Moreira Alves e Carlos Castelo Branco, que deixaram marcas na história do Brasil, não apenas se dedicando diretamente à política, mas também assessorando políticos.

Em Brasília, sede do poder federal, é muito grande o número de jornalistas que ainda deixam os jornais ou televisões para trabalhar em assessorias. Cada ministério tem um departamento ou uma secretaria de Comunicação ou Imprensa, cada deputado ou senador pode ter um, assim como as lideranças, as presidências da Câmara e do Senado, todos os órgãos da administração direta e indireta, sem contar os profissionais que atuam na Câmara Distrital (uma espécie de Assembleia Legislativa, como há nos estados). Hoje, até o Movimento dos Trabalhadores Rurais Sem Terra (MST) tem um assessor de imprensa. O elo entre política e Jornalismo é uma realidade cada vez mais palpável.

A profusão de cargos de assessoria de imprensa – e o gordo salário que eles carregam – faz com que muitos jornalistas se instalem ali definitivamente. Além disso, foram criadas outras brechas oficiais, com o aparecimento de TVs estatais, na Câmara, no Senado, no Judiciário. E se nos estados isso acontece com frequência, em Brasília o panorama é ainda mais corriqueiro. Na capital da República, por sua concepção urbanística, é natural encontrar-se com ministros na farmácia, presidentes de tribunais na banca de jornal, deputados fazendo caminhadas.

Ou seja, nesse mar onde navegam políticos e jornalistas, é difícil evitar uma aproximação fora dos corredores do Congresso, dos gabinetes, dos plenários. Praticamente toda semana tem festa promovida por algum jornalista, com a presença de políticos das mais variadas tendências, espécies e hierarquias. Líderes de bancada, ministros, deputados, senadores, até presidentes da Câmara e do Senado. Normalmente são aquelas pessoas que vivem sozinhas em Brasília, que precisam se aproximar da imprensa, a qual também necessita de suas informações.

É a intimidade de uma festa que faz a notícia brotar no dia seguinte. Ou na outra semana. Algum dia ela aparece e é publicada.

Inimigos íntimos

No entanto, da mesma forma que existe esse amor intrínseco do jornalista especializado por sua área específica de atuação, existe também o temor de quem atua na política pela caneta ou pelo microfone do jornalista. Não há semana em que um político não reclame da imprensa, como o próprio ex-presidente Lula salientou. E, nos casos extremos, há sempre um deputado ou senador apontando suas mágoas para as câmeras. O ex-senador José Roberto Arruda, que renunciou ao mandato depois de confessar que bisbilhotou o voto secreto dos senadores no painel de votações, deu como uma das causas de sua renúncia os comentários cáusticos e impiedosos dos jornalistas.

E não há como deixar de citar, mais uma vez, a experiência norte-americana. Se aqui no Brasil o *briefing* à imprensa e mesmo a criação de um comitê no edifício em que o presidente despacha são coisas recentes, nos Estados Unidos elas datam do começo do século XX. Por incrível que pareça, foi somente no regime militar brasileiro que apareceu a figura do porta-voz, via Assessoria de Relações Públicas. Normalmente, a tarefa de porta-voz era comandada por um general. Depois, vieram os diplomatas.

Isso não quer dizer, porém, que os presidentes norte-americanos viviam sempre às mil maravilhas com os jornalistas. Ao contrário. Lyndon Johnson, sucessor de John F. Kennedy, lia todos os jornais pela manhã, escutava as notícias pelo rádio e tinha três aparelhos de TV e dois teletipos – na época, não havia computador, muito menos internet – em seu gabinete. Chegou a dizer: "*Confio tanto na imprensa quanto confio em minha mulher*"[72].

Em seguida, veio o desencanto. Em um país que vive a plenitude democrática, a investigação e a crítica são sempre impiedosas. Meses depois de ter declarado seu amor aos jornalistas, Johnson se corrigiu: "A imprensa é o setor da sociedade dos Estados Unidos menos orientado, menos disciplinado"[73]. E ele foi um dos presidentes que mais atenderam os repórteres, tanto na Casa Branca como em seu rancho particular.

---

[72] Burbage; Cazemanjou; Kaspi, 1973, p. 151.
[73] Idem, ibid.

O que não impediu que um dos jornalistas certa vez sentenciasse: "Os presidentes são, em geral, péssimos em suas relações com a imprensa. Johnson é muito pior que isso"[74].

Nem Kennedy escapou. Tanto ele quanto sua esposa Jackie pensavam que iriam dominar o ofício, já que haviam trabalhado na área: ela no *Washington Times Herald*, e ele na agência *International News Service*, antes da fusão com a *United Press*. Mas, já na campanha, os dois viram que a parada não seria fácil: apenas 17% dos diários davam apoio à candidatura JFK – 208 jornais apoiavam Kennedy, enquanto 731 apoiavam Nixon.

Logo depois de sua posse, em 1961, as relações ficaram mais tensas, em função do episódio da Baía dos Porcos – a tentativa de invasão a Cuba orquestrada pelo governo norte-americano. Uma semana depois do fracasso, Kennedy lançou a ideia da "autodisciplina", que nada mais era que a supressão das notícias que pudessem trazer prejuízos à segurança nacional.

Ou seja, as ideias de censura, como as lançadas por George W. Bush diante da ameaça de ataques terroristas ao país em seu governo, não são novas. A liberdade, no país chamado de mais democrático do mundo, também tem seus limites, e de uma forma constrangedora: banindo-se a liberdade de imprensa. E fica a pergunta: quem está habilitado a definir o que é "interesse nacional"?

Com Donald Trump, as relações ficaram ainda mais estressadas. Trump xingou a imprensa de tudo e até mesmo impediu determinados jornalistas – que ele pensa fazerem perguntas inoportunas – de frequentarem seus *briefings* na Casa Branca. E foi ele, ainda durante a campanha, que tornou popular a expressão ***fake news***. Para ele, toda notícia que não lhe agrada, sendo verdadeira ou não, é notícia falsa.

Marvin Kalb, jornalista norte-americano que era considerado inimigo pelo ex-presidente Richard Nixon, lançou em 2018 o livro *Inimigo do povo*, no qual desvenda a artimanha dos governantes de tratar os jornalistas como desafetos. Em entrevista à repórter Beatriz Bulla, do *Estado S. Paulo*, Kalb alertou para o fato de que atacar a imprensa é uma tática política. Mais que isso: "Se você ataca a imprensa, está atacando as bases da liberdade de expressão e do jogo democrático", disse ele[75].

---

[74] Burbage; Cazemanjou; Kaspi, 1973, p. 151.
[75] Bulla, 2018, p. A12.

A ira de Trump contra a imprensa veio desde a campanha. Quando assumiu a presidência, a bolha explodiu. A tal ponto que qualificou toda a mídia norte-americana de "partido de oposição", assim que 350 jornais – com movimento comandado pelo *Boston Globe* – publicaram ao mesmo tempo, em seus editoriais, uma defesa contundente da liberdade de imprensa. O desabafo de Trump veio de bate-pronto: "A imprensa das *fake news* é o partido de oposição. É muito ruim para o nosso grande país... Mas estamos ganhando"[76].

Não é preciso ir muito longe – há também vários exemplos de tal comportamento aqui no Brasil. Nos governos do PT, um tema que jamais saiu da pauta – e, felizmente, ficou por ali mesmo – foi a tal regulação dos meios de comunicação, que nada mais é do que a tentativa de segurar as chamadas "maquinações" da mídia. Em outras palavras, controlar as críticas ao governo. Qualquer governo. Ou seja, jornalista só é bom quando está do lado do governante.

O governo Bolsonaro é pródigo nessas especulações. Foram dezenas, centenas as ocasiões em que o presidente e seus filhos partiram para a guerra contra determinada parte da mídia, exatamente aquela que não comunga com seus propósitos. O lema parece ser "criticou, é meu inimigo", quando se sabe que o eixo central do Jornalismo é questionar as ações do poder, colocar na roda as atitudes dos governantes, ir a fundo em questões sensíveis e cobrar medidas que muitas vezes não agradam quem governa o país. Tenha ele a posição política que tiver.

A jornalista Patrícia Campos Mello disserta em seu livro, com clareza e destemor, toda essa situação que opõe os desejos do governante às revelações que ele não quer que venham à tona. O livro é *A máquina do ódio*, e ele deixa claro, com todas as letras, que a internet e as redes sociais podem prejudicar, desmoralizar, mentir e derrubar reputações com apenas um clique. Ou em vários cliques, comandados por robôs.

A máquina do ódio, publicado em 2020, decifra a estrutura montada para destruir os jornalistas e os jornais que criticam o governo, operada por apoiadores da ideologia em vigor, como se só ela pudesse subsistir e como se tudo que não compactuasse com ela pertencesse a um gênero classificado como "extrema-imprensa". E a carga mais pesada das agressões

---

[76] *O Estado de S. Paulo*, 2018.

vem sendo direcionada preferencialmente às jornalistas, profissionais mulheres que são hoje o principal esteio do Jornalismo crítico.

Patrícia não fica apenas no governo Bolsonaro e seus asseclas. Ela põe o dedo nas várias feridas que circulam pelo mundo afora, em países comandados por dirigentes que odeiam que sua vida real e suas negociatas sejam expostas e combatidas. Odeiam críticas a suas ideias e a seus atos. E descreve o que acontece na Venezuela, na Hungria, na Turquia, não importando se o governo é de direita ou de esquerda – é o governo que se instala, tenta se eternizar e usa essa pretensão com mão de ferro.

E como funciona essa mão de ferro? O caminho mais curto é calar a oposição, via meios de comunicação e, para isso, o governo usa as redes sociais sem discriminação nem pudor, com mentiras, *fake news*, linchamentos morais. Em seguida, vêm as prisões de jornalistas e por aí vai. Isso já acontece em países como Hungria e Venezuela – com governo de ideologias opostas – e há ameaças no ar em outros lugares. Essas ações são recorrentes em todos os países onde o populismo viceja. Nós, jornalistas brasileiros, vivemos isso na pele e nos empregos – e não é de hoje, mas as redes sociais e os novos aparatos da internet estão potencializando as agressões, algumas delas insuportáveis.

Vamos aos exemplos, e eles são muito parecidos entre todos os países que primam por debochar da democracia, sejam governos de direita, de centro ou de esquerda, ou seja lá o nome que se queira dar a esses governantes inábeis que, antes de qualquer coisa, são modelos estereotipados de puro narcisismo. Tanto na Venezuela como na Hungria, o roteiro básico é sempre solapar as empresas de comunicação independentes do governo, tirando-lhes a publicidade, depois a concessão e, em seguida, ofertando seus canais para amigos do poder. Essa é uma realidade indiscutível.

A cartilha é tão banal que uma medida tomada ou sugerida por um déspota logo é seguida por outros. Bastou Trump anunciar que cortaria assinaturas de jornais pouco simpáticos a ele que Jair Bolsonaro avisou que cancelaria a assinatura da *Folha de S. Paulo*, que fustiga seu governo. É muito cansativo.

As TVs Câmara e Senado, aqui no Brasil, também funcionam como facas de dois gumes. A TV Senado chegou primeiro e trouxe com ela várias consequências. Uma delas foi a maior assiduidade dos parlamentares nas sessões e nas comissões, para aparecer e se mostrar aos eleitores. Resultado: sessões que terminavam às 6 da tarde, agora se arrastam noite adentro. Os senadores também passaram a se vestir melhor e agora procuram falar um português mais correto, quando é possível.

Temos o exemplo de um ex-senador, Ney Suassuna, do PMDB da Paraíba, que criticava e aplaudia, ao mesmo tempo, o nascimento da televisão no Senado. Dizia ele que não podia errar uma concordância que choviam críticas. E que recebia reclamações até pela roupa que usava. *"Virei refém da TV"*, dizia ele. *"Tenho de escolher uma gravata diferente a cada dia".*

O efeito CPI

A influência da TV, porém, é sentida em temas mais sérios. Quando o deputado Roberto Jefferson foi convocado a prestar depoimento no Conselho de Ética da Câmara, em 2005, por suas denúncias de pagamento de mesadas a parlamentares, por parte do PT, partido então do governo, ele não queria que nada fosse feito em sigilo, como de costume. Ao contrário, pediu que tudo fosse aberto. E "ser aberto" significava transmitir seu depoimento ao vivo, pela TV Câmara. E claro, ele sabia, pelas TVs a cabo, principalmente a GloboNews, televisão por assinatura da Rede Globo.

Na ocasião, o deputado estaria exposto, poderia fazer suas denúncias, bater forte em quem quisesse, exercitar seus dons de oratória e seus gestos teatrais. Jefferson é advogado criminalista e conquistou seu primeiro mandato depois de apresentações espalhafatosas em um programa popularesco, ainda nos primeiros anos do SBT. E aí poderia também criticar a própria imprensa, já que ele não fugiu à regra: como sempre, nesses casos, a defesa é o ataque, como se os órgãos de imprensa – jornais, revistas, canais de TV – fossem culpados pelos desatinos da política. Foram quase sete horas de Roberto Jefferson no ar, usando equipamentos, tempo, energia e pessoal da Câmara dos Deputados, em proveito próprio. Nasceu aí o caso do "Mensalão", que começou a abalar a estrutura política do Partido dos Trabalhadores. (É bom que se diga que Roberto Jefferson só foi convocado pela CPI por sua entrevista bombástica à jornalista – até a publicação deste livro atuando na TV Globo – Renata Lo Prete, quando ainda estava na *Folha*.)

Na tática do advogado que gosta de irritar a plateia, ao colocar pimenta nas declarações, não faltaram farpas e tiros em cima das revistas *Veja* – "e tucana", quer dizer, controlada pelo PSDB – e *Época* (do Grupo Globo), do jornal *O Estado de S. Paulo* e das Organizações Globo em geral: jornal, rádio e televisão.

Ao mesmo tempo que seu depoimento recebia tratamento profissional e cobertura farta, como sempre acontece nesses casos, Roberto Jefferson aproveitou as luzes e a atenção de todo o país para pôr para fora seu desagrado quanto à maneira como vinha sendo tratado pela imprensa: estava incomodado com as notícias que não falavam bem dele – ao contrário, mostravam coisas que ele não gostaria que viessem a público.

Jefferson falou outras tantas horas no depoimento à Comissão Parlamentar Mista de Inquérito dos Correios, no final de junho de 2005, e mais uma vez criticou e zombou dos veículos de comunicação. O mais curioso, porém, é que um de seus acusados preferidos, o então tesoureiro do PT, Delúbio Soares, dias depois, ao receber uma honraria em Goiânia, sua terra natal, assim como Jefferson, bateu nos mesmos órgãos de informação, alegando que o que eles pretendiam era derrubar o governo.

Ou seja, não é a mídia que incomoda a vida das pessoas, mas os fatos revelados, as verdades escondidas nos porões, nas salas dos palácios. Ninguém gosta de ver a própria vida devassada. Ainda mais se aí forem encontrados erros, falcatruas, questões mal explicadas. Jefferson reagiu com fúria, com dentes cerrados; Delúbio, com vergonha, com lágrimas nos olhos. Reações contrapostas, mas com apenas um alvo: a imprensa, que somente cumpriu com seu dever – o dever de repassar à sociedade os fatos que emergem de lugares ocultos da política.

Contudo, nesse caso da crise do governo e do PT – que também pode ser chamada de "caso das malas de dinheiro", "do carequinha" etc. – há três curiosidades sobre a relação conflituosa entre TV e políticos. A primeira é que um dos envolvidos seriamente no episódio, o empresário Marcos Valério Fernandes de Souza, sócio – na verdade, sócia é a mulher dele – de empresas de publicidade (SPM&B e DNA), usou pelo menos duas vezes a televisão (TV Globo) para dar explicações à sociedade sobre a dinheirama que correu sem contabilidade para os cofres do

Partido dos Trabalhadores. Assim como o ex-tesoureiro do PT, Delúbio Soares, utilizou a Globo para dar as mesmas explicações.

E mais: o próprio ex-presidente Lula, econômico ao extremo em dar entrevistas em solo brasileiro, não vacilou ao conceder entrevista em Paris, a uma desconhecida jornalista brasileira (Melissa Monteiro), que trabalhava em uma produtora francesa. Foi aí que apontou os erros do PT e disse que o que o partido havia feito – tomar dinheiro no mercado e não registrar no Tribunal Superior Eleitoral (TSE), chamado "caixa dois" – era comum entre os partidos. Ou seja, todos odeiam e se afastam da TV, de acordo com seus interesses.

Esse episódio da CPI dos Correios, que estarreceu o país, consolidou definitivamente as duas TVs do Poder Legislativo. O Instituto QualiBest, que realiza pesquisas para o mercado publicitário, revelou, no final de julho de 2005, que a TV Senado acabou superando em audiência os noticiários *Bom Dia Brasil*, da Globo, e *Jornal da Noite*, da Band. Naquele mês, dos dias 16 a 26, a pesquisa mostrou que 16% dos entrevistados assistiram à TV Senado, enquanto 15% viram o *Bom Dia* e 11%, o *Jornal da Noite*. Mais ainda: a TV Senado, que tem sinal fechado, apareceu até mesmo na frente de outras TVs pagas. A GloboNews, que é o melhor e mais completo canal de Jornalismo da TV por assinatura, ficou com apenas 13% da preferência de quem assistia aos depoimentos.

Não apenas os telespectadores foram contagiados pela febre de CPIs que tomou conta do noticiário, dos jornais e dos telejornais. O espírito jornalístico baixou em praticamente todos os programas apresentados pelos mais diversos canais de TV, por mais que eles nada tivessem a ver com informação política. Mas esse é um filão generoso, que trata em especial da vida e do futuro do país – uma oportunidade única para se discutir política em horário nobre, o que raramente acontece. Há um consenso nas chefias de todas as TVs de que política não dá audiência, o que aos poucos vem sendo desmentido pelos fatos.

Pode-se dizer que as TVs do Congresso já fazem parte da vida dos parlamentares. A tal ponto que, em uma das últimas sessões de 2001, o vetusto Senado presenciou uma cena inusitada. O falecido senador Artur da Távola, que também era jornalista e se dizia conhecedor de televisão, pediu à direção da Casa que o posicionamento da câmera frontal do plenário (são três câmeras) fosse mudado. Motivo do senador: ela estava instalada na parte superior do plenário e pegava os senadores de costas, dando destaque especial às suas... carecas. Nada a ver com o brilho dos discursos, tudo a ver com os cuidados da vaidade.

Esse é o lado bem-humorado da história. O lado produtivo é que as emissoras do Congresso também funcionam como pressão sobre os parlamentares, na hora de tomarem decisões impopulares. O que provavelmente pode acontecer também com os ministros do Judiciário, expostos como nunca aos olhos da nação. Como ficam mais expostos e estão diante das câmeras em tempo real, na hora do voto ou de um discurso impopular, eles podem pensar duas vezes. E, com isso, tomar uma decisão mais ao gosto do cidadão ou da pressão da mídia, que é o reflexo da voz das ruas. Há controvérsias quanto ao assunto, principalmente no Judiciário.

Há, contudo, políticos que tratam a mídia como gênero de primeira necessidade. O ex-ministro da Justiça de José Sarney, o falecido ex-deputado Fernando Lyra, era convidado frequente nos primeiros anos do *Bom Dia Brasil*, por sua atuação parlamentar e por ter contribuído com as leis que puseram fim à censura. Ali, ele aprendeu a falar e a gostar de televisão.

A presença das câmeras em plenário seguramente mudou também a atitude de deputados e senadores. Tanto no aspecto físico como no discurso. Eles passaram a ser menos ambíguos e complicados na hora de expor um tema, principalmente para explicar decisões que ferem os interesses da população.

Contra e a favor

Ao perguntar a Boni qual político deu mais trabalho para os profissionais da Globo, no tempo em que dirigiu a emissora, ele não titubeou em dizer que foi o ex-presidente João Figueiredo, pela proximidade que sempre teve com Roberto Marinho, até o momento da ruptura. Essa ruptura, na verdade, foi um dos casos mais estranhos ocorridos entre um jornalista – mesmo que ele seja patrão – e um governante, e um exemplo claro de como o temperamento de quem governa pode determinar o rumo dos acontecimentos e, talvez, até mesmo da história.

Quem conta o episódio é Luiz Eduardo Borgerth, falecido, e que foi diretor da Globo durante décadas, em seu livro *Quem e como fizemos a TV Globo*. Diz ele que, depois de uma visita de João Figueiredo às instalações da Globo, no Rio, o dr. Roberto Marinho ficou de enviar ao presidente suas considerações do que acreditava ser, com sinceridade, "uma política correta para a televisão brasileira (e era), e que o presidente tomou como uma ofensa, um atrevimento"[77]. O rompimento foi imediato, e acabou jogando Marinho nos braços de Tancredo Neves. Foi o tempero mais forte para o decreto final da ditadura e para a instalação da Nova República.

Foi também o fim de uma amizade, de uma estima que um tinha pelo outro, amizade que vinha dos tempos em que ambos praticavam equitação. Essa ligação da autoridade com o dono da empresa significou pressão de todos os lados. Mas acabou de maneira burlesca.

Quando o contato é mais de temor do que de amizade, as coisas mudam. Boni disse que entre o ex-presidente José Sarney e Roberto Marinho sempre existiu um distanciamento respeitoso. Um tinha receio do outro. Marinho prestava reverência ao poder presidencial, e José Sarney temia o poder do dr. Roberto. As coisas fluíam melhor.

Nos anos 1950, as relações eram outras. São inúmeras as testemunhas da maneira pouco convencional que o político paulista Ademar de Barros – que foi prefeito, governador e candidato a presidente da República – tratava os jornalistas. Um deles, de amizade estreita com Ademar, era José Carlos Oliveira, o "Tico-Tico", repórter esperto e furão, empregado de Assis Chateaubriand, de quem herdou muitos vícios, como a busca incansável da proximidade promíscua com o poder.

Pois bem: certa vez, em uma solenidade, Tico-Tico se preparava para entrar no ar e acertava o equipamento de rádio, um mastodonte, quando chegou o governador. Tico-Tico estava debruçado sobre o equipamento, com o traseiro para cima. Ademar não vacilou: enfiou-lhe o polegar, na frente de todos. O riso foi geral diante do fato inusitado.

Seguramente, não é essa a relação de que fala Boni. Ele se refere a um relacionamento civilizado. E essa civilidade depende muito da intimidade que se permite e que se exige. O distanciamento é importante, sem quebra de ética e dentro dos limites de um contato profissional. Há até quem acredite que o jornalista não deve sequer visitar o bar

---

[77] Borgerth, 2003, p. 37.

frequentado por sua fonte de notícias. Mas os políticos adoram e buscam esse tipo de proximidade.

Se esse contato é delicado quando se trata de jornalistas da mídia impressa, ao se falar dos jornalistas de televisão, a sutileza é maior ainda. Poucos são os que conseguem esconder suas preferências políticas, e tudo se confunde em um grande caldeirão de informações, opiniões e interesses.

O diretor de um canal de televisão de Washington, um dos poucos jornalistas republicanos da capital dos Estados Unidos, saiu em defesa dos repórteres, assegurando que eles não são ativistas políticos, mas, é claro, buscam promover a agenda de um político ou de um partido em detrimento de outra. E que são menos conservadores que os comentaristas.

Quando trazemos essa realidade para o Brasil, tudo se torna mais claro. O exemplo mais próximo de nós é o do governo Fernando Collor. Logo no início do mandato, recém-empossado, ele ficou chocado com a postura de alguns repórteres, que cantavam baixinho, mas alto o suficiente para que ele ouvisse, o refrão da campanha de Luiz Inácio Lula da Silva, o "Lula-lá". Em contrapartida, nas redações, os comentaristas eram quase todos – há exceções honrosas – favoráveis ao plano que o novo presidente acabava de lançar, e que depois desembocou em fracasso.

Os norte-americanos são mais explícitos nesse tema. George W. Bush sempre soube, desde o começo de seu governo – depois de uma eleição tumultuada –, que iria enfrentar uma pedreira. Como disse aquele diretor de TV de Washington, a maior parte dos repórteres que cobriam a Casa Branca não havia votado em Bush, nem concordava com suas propostas. Porém, o corpo de repórteres, mesmo não engrossando o coro das ideias do presidente, não iria fazer campanha contra – só ficaria mais atento aos escândalos. Ninguém era tolo para ignorar que todos teriam de compartilhar o momento político, pelos próximos anos.

O que existe, na verdade, é uma convivência conflituosa, mas respeitosa. Aqui e lá. Para o jornalista, visto sempre como um bicho-papão, beirando a mitologia, a grande tarefa é preservar a fonte, obter as informações e manter o respeito. O político, além de buscar o estreitamento das relações sem bajular, tem de mostrar o melhor de si para seus eleitores. O recado final é para ele. Assim, são duas as preocupações, ambas importantes.

Há algumas receitas para se encarar essa relação de amor e ódio entre políticos e jornalistas. No primeiro governo Fernando Henrique Cardoso, os jornalistas, bem como a mídia em geral, se derramavam em elogios e aplausos explícitos. O que contava aí? A trajetória da vida pública do presidente, seu carisma, sua cultura e a empatia que sempre teve com os meios de comunicação. Por ter os cacoetes de professor, FHC conseguia explicar os fatos com clareza aos jornalistas, desde os tempos de Senado. O desgaste por tanto tempo no poder é que esgarçou essa relação.

Segredo: o diálogo

Fernando Henrique, aliás, talvez tenha sido o político que mais cedo percebeu uma das regras básicas de convivência com a imprensa: a troca de informações. Na longa entrevista que concedeu ao jornalista Roberto Pompeu de Toledo, e que depois virou livro (*O presidente segundo o sociólogo*), FHC deixou escapulir uma frase: "Não adianta brigar – não com o jornalista, ou com a mídia, mas com o mecanismo de poder no qual estamos inseridos. Você tem que ganhar dele, não brigar"[78]. E isso ele – até certo ponto e durante a maior parte do mandato – conseguiu: no papo, na maneira de conduzir as relações, mantendo algumas regras.

O "estilo FHC" de ser surgiu ainda na campanha presidencial de 1994, pela televisão, que não foi longa, mas quase gerou uma briga na equipe. É que James Carville, marqueteiro de Bill Clinton, foi convidado para dar, digamos, certa orientação aos rumos do trabalho. Os marqueteiros brasileiros que trabalhavam na campanha sentiram o golpe e ameaçaram abandonar o barco.

Nizan Guanaes e Geraldo Walter, da DM-9, é que acabaram dando o tom, que teve muito da campanha de Clinton na TV. Buscou-se fazer a imagem de Fernando Henrique como a de um Lula melhorado. E foi inventado o papel do "homem preparado para resolver o problema dos pobres" – ideia, aliás, nascida da cabeça de Carville.

A criação mais explícita dos marqueteiros foi a mão espalmada que sugeria alegria e participação – Franco Montoro já tinha usado esse truque na campanha de 1982. Era um contraponto ao punho fechado.

---

[78] Toledo, 1998, p. 173.

Mas não ficou só aí. O trecho do documento escrito pela área de *marketing* falava que era preciso usar

> roupa comum, a mais adequada a cada situação. Não ceder à tentação de querer parecer popular [*mas no fim cedeu ao jegue e à buchada*]. Sempre que necessário, usar terno e gravata, menos os escuros. Um pouco de solenidade não faz mal ao candidato[79].

Solenidade – e certo distanciamento – é a fórmula básica para uma relação amistosa e profissional. A troca de informações vem em seguida. Cria-se, com isso, um ambiente de confiança entre fonte e jornalista, sem receios ou medos. Mais produtivo do que esconder a notícia é confessar que se conhece determinado fato, mas que não se pode falar a respeito. A franqueza é fundamental.

A confiança nasce da reciprocidade de informações. E a fonte é como uma flor que deve ser cuidada todos os dias. Aliás, essa lição é praticada pela maior parte dos políticos e dos jornalistas. O repórter é um ser tenso, ansioso. Vive espremido entre furo de reportagem e o tacão do chefe, que quer diariamente uma notícia exclusiva e que chegue bem antes do gongo do fechamento – que é o apito final do arremate da edição do dia.

Quando passei dois anos trabalhando atrás do balcão, no Departamento de Comunicação da CNI, fazendo assessoria de imprensa, tive a oportunidade de ver o mundo profissional de outro ângulo. Pude sentir a sede por notícias que brota dos jornais. E a diferença básica entre o trabalho de jornalistas do dia a dia e o de colunistas. A maior parte deles com enorme credibilidade.

O colunista busca o que há por trás da notícia, aquele "algo a mais". Nunca me esqueço da ocasião em que o saudoso jornalista Ricardo Boechat – com quem eu havia trabalhado na TV Globo – me ligou procurando notas exclusivas sobre a CNI e o mundo dos empresários. Cheguei a dar a ele duas ou três, sobre algumas iniciativas da Confederação, de alguns projetos. Coisa exclusiva, mas com pouca pimenta. Ele, claro, então repórter de coluna, não ficou satisfeito: "*Monforte, eu não quero nada disso – o que eu quero é sangue*".

---

[79] Dimenstein; Souza, 1994, p. 200.

A notícia verdadeira, inteira e exclusiva – e, muitas vezes, oculta – é o sangue que alimenta as veias do jornalista. O político que falta com a verdade pode tropeçar, logo adiante, na perna curta da mentira – e cair na desconfiança do eleitor. Esse é o verdadeiro pânico de quem habita o mundo político.

11

Então, faça você a sua revista
...

Seria ingênuo acreditar que as "opiniões" que saem da boca dos chamados comentaristas de política ou economia das emissoras de televisão expressam vivamente o que eles pensam – sem querer tirar o valor profissional de cada um.

Até pode ser que, em determinados casos, os comentários sejam expressão da opinião dos ditos comentaristas. Há honrosas exceções e delas fazem parte, principalmente, os jornalistas de notório saber, os que já consolidaram sua marca e seu nome – aqueles em que os jornais não ousam tocar, pois proporcionam a eles credibilidade e vasto conhecimento do público. Mas eles não são muitos, tanto nos jornais como nas revistas.

Na televisão, são mesmo raros, raríssimos: a TV expõe mais, causa maior impacto em quem assiste, além de hoje representar a forma mais eficiente de difundir uma notícia em que se possa confiar. E mais: o comentarista de TV precisa ser conciso, ir direto ao ponto. Isso dá mais força à informação.

Uma pesquisa do Ibope, encomendada pelo governo federal em 2017, com mais de 15 mil pessoas acima de 16 anos, mostrou que 63% dos brasileiros utilizam a TV para se informar. A internet ficou em segundo lugar, com 26%. Jornais conseguiram apenas a quarta colocação, com 3%[80].

Além disso, atualmente os comentários são mais informação do que comentário, por exemplo. Mais notícia do que interpretação dos fatos. Na verdade, o comentarista se tornou intérprete dos fatos, tendo como pano de fundo somente bastidores, em geral inexpressivos, ou que representam apenas pendurricalhos da notícia principal. O repórter, a sangue quente, faz melhor.

Mas quando "o bicho pega" para valer, prevalece a opinião, o posicionamento político do dono da empresa. Foi sempre assim, sempre será assim. **Ou você pensa como o patrão, ou não diz o que pensa.** Esse é o eterno drama que atormenta a vida do jornalista.

José Hamilton Ribeiro, um dos ícones do Jornalismo brasileiro, durante um giro pelo país para lançar o livro *Realidade re-vista* (em conjunto com José Carlos Marão), foi taxativo ao comentar o quadro que de fato existe nas redações, tomando como base os três modelos de imprensa apontados em um estudo pelo jornalista Carlos Eduardo Lins da Silva: o soviético, o francês (de cooperativa) e o norte-americano (praticado no Brasil).

Reflete José Hamilton:

> Existe liberdade de imprensa em algum desses modelos? Eu digo: em nenhum. Isso leva em conta o interesse da empresa, as briguinhas que o patrão teve com outras empresas ou instituições, uma lista negra de pessoas que não devem ser citadas etc. Essa censura, surda e paralela, é permanente[81].

Isso me faz lembrar as palavras do jornalista Oswaldo Martins de Oliveira, o Oswaldinho, que morreu de forma prematura e sempre teve, por sua experiência, uma visão ampla da vida dos jornalistas como empregados. Dizia ele que a primeira missão do jornalista, no seu dia a dia, era escrever para os donos da empresa, para os patrões. Ou seja, escrever aquilo que os empresários querem ler. Depois, vinha a vez dos leitores. Essa visão sempre me impressionou muito – me chocou bastante, na verdade, mas foi a cruel realidade que senti ao longo da carreira.

---

[80] G1, 2017.
[81] Hebmüller, 2011.

Oswaldinho, aliás, tinha uma visão curiosa da profissão; ele, um jornalista em estado puro, com suas idiossincrasias e ideias bem construídas. Ele fazia uma grande diferença entre o que era **Jornalismo** e o que era **Imprensa**. Jornalismo, para ele, fazíamos nós, os profissionais, com a luta diária e a tarefa permanente de colocar no papel ou no ar o que acontecia pela vida. A imprensa era o outro lado da história: estava nas mãos dos patrões, que decidiam sobre o conteúdo das informações, o que mais era de seu interesse financeiro ou político. Pela tese de Oswaldinho, a imprensa sempre ganha a parada.

Mesmo o grande jornalista e professor Oliveiros S. Ferreira, falecido no final de 2017, e que dirigiu *O Estado de S. Paulo* durante anos, usava com prudência suas opiniões. Quando fui seu subordinado – com muito orgulho – na redação, pude sentir que ele seguia fielmente a orientação dos donos do jornal e deixava a pauta correr solta, como se não houvesse censura prévia na redação. Os censores que cortassem.

Pois bem, mesmo Oli, simpatizante da Vanguarda Socialista e filiado à Esquerda Democrática – mais tarde Partido Socialista –, mesmo ele, quando era escalado para escrever os famosos editoriais da página 3 do jornal, encampava os conceitos sobre os quais discordava e interpretava com fidelidade a posição do jornal.

Mesma postura de Alberto Dines, um dos mais consagrados jornalistas brasileiros. Em uma entrevista de 2012 à revista *Negócios da Comunicação*, dirigida pelo não menos talentoso e bravo Audálio Dantas, Dines não mediu palavras para defender os jornalistas e o Jornalismo impresso e falar de seu orgulho em ter construído uma história sólida na profissão. Mas fez a seguinte ressalva:

> Me gabo de ter criado editorias e designar meu cargo no *JB*. Desse jeito, me tornei o que os americanos chamam de editor-chefe. Fazia questão de ser o homem da redação, pois quem fazia a opinião do jornal era o dono do jornal[82].

Assis Chateaubriand, o lendário empresário da comunicação no Brasil, que não primava pela ética ou por atitudes empresariais ortodoxas, mas que certamente revolucionou a imprensa e as comunicações no país, tem uma passagem marcante, relembrada pelo jornalista e escritor

---

[82] Pereira, 2012, p. 10.

Fernando Morais na biografia *Chatô, o rei do Brasil*. Foi Chateaubriand quem trouxe a TV para o país, além de cobrir com suas revistas e jornais todo o território nacional.

Em uma discussão com Chateaubriand, o repórter David Nasser, estrela da revista *O Cruzeiro* – a grande revista semanal da primeira metade do século XX –, que sempre foi contra a construção de Brasília, peitou seu chefe. Chateaubriand retrucou:

> "Todo mundo já reconhece a grandeza de Brasília, de Furnas, de Três Marias. Só você insiste em ser contra, turco maldito. Só você, com esse seu eterno pessimismo. Por quê? Por que não muda de ideia, como eu mudei? Porque tenho a minha opinião. Opinião? Se você quer ter opinião, compre uma revista"[83].

Foi como se dissesse: quem manda aqui sou eu. Nasser pediu demissão, Chateaubriand não aceitou, eles fizeram as pazes ("Um louco como o Juscelino não merece o fim da nossa amizade"), mas os Diários Associados, como instituição, continuaram sua campanha a favor da construção da nova capital.

Isso é mais do que claro: é uma atitude que exemplifica como agem os donos dos meios de comunicação no país. O jornalista é sempre dominado pelos pensamentos, pelas ideias do patrão.

Hoje, a força dos ventos sopra com menor dose de romantismo. José Roberto Guzzo entrou para a Editora Abril em 1968, ano de criação da *Veja*, foi um de seus chefes e escrevia artigos na revista até meados de 2019. Mas, em outubro daquele ano, escreveu um artigo que não agradou a nova direção da empresa, agora nas mãos de Fábio Carvalho, seu *publisher*. O que disse Guzzo? Ele criticou acidamente os ministros do Supremo Tribunal Federal, mas dizia basicamente ser otimista, na medida em que aos poucos eles iam sendo substituídos. A direção vetou o texto, e Guzzo pediu o boné. *Veja* perdeu mais uma parte de sua história.

"Meus comunistas"

Muitos empresários brasileiros acolheram em suas empresas profissionais que nada tinham a ver com suas ideias. Pessoas com

---
[83] Morais, 1994, p. 18.

posições políticas bem marcadas e que foram recebidas com júbilo pelas empresas, por seus talentos e qualidades intelectuais, morais e técnicas. E por transmitirem credibilidade a seus negócios.

Os exemplos são inúmeros. Roberto Civita, herdeiro do Grupo Abril, sempre deixou clara sua posição a favor da iniciativa privada, contra o comunismo e toda forma de censura e repressão. Isso não impediu que ele acolhesse em sua empresa os mais brilhantes jornalistas brasileiros, a maior parte deles de esquerda, com posições políticas totalmente diferentes das dele, o patrão, mas que produziram algumas das melhores revistas que o Brasil já teve. Dizia ele: "A esquerda me dá ótimos jornalistas; a direita pode me dar no máximo bons gráficos"[84]. Essa passagem, que saiu da boca de Civita, foi revelada por um desses bons jornalistas, Juca Kfouri – ele próprio um ex-militante da Aliança Libertadora Nacional (ALN) –, no programa *Roda Viva*, da TV Cultura. Ele entrevistava o jornalista Carlos Maranhão, que acabara de lançar a biografia de Civita, *Roberto Civita: o dono da banca – a vida e as ideias do editor da Veja e da Abril*. Nem Maranhão sabia da passagem.

Mas nem por isso a Abril derivou para a esquerda. A empresa sempre seguiu a orientação dos seus donos. Como faz até hoje, mesmo que a empresa esteja em outras mãos – na verdade, de outra empresa, nem sempre com o DNA do Jornalismo. Um caso revelador, na mesma empresa, foi o do comando da revista *Exame*, quando foi entregue ao jornalista Rui Falcão, que sempre se identificou com a esquerda brasileira, chegando a ocupar a presidência do Partido dos Trabalhadores.

Roberto Civita nunca engoliu as posições políticas de Falcão, como conta Maranhão em seu livro biográfico. Porém, poucas vezes o jornalista imprimiu na revista tais posições. Quando passou do limite, teve de deixar a empresa, em uma demissão traumática. José Roberto Guzzo, a quem coube demitir Falcão, tomou seu lugar, em março de 1988. (Roberto Civita não gostava de demitir diretamente seus funcionários, como revela Carlos Maranhão.)

Antes, a Abril e os Civitas já haviam recebido jornalistas brilhantes e com posições diferentes da direção da empresa. Paulo Patarra – que dirigiu e compôs o grupo que deu vida à *Realidade*, uma das melhores

---

[84] Intervenção de Juca Kfouri durante a entrevista de Carlos Maranhão no programa *Roda Viva*, de 26 de dezembro de 2016 (TV Cultura, 2016).

revistas que o país já produziu – era militante do Partido Comunista Brasileiro. Assim como Milton Coelho da Graça, inscrito no PCB, que dirigiu a revista *Intervalo*; como Jacob Gorender, membro do Comitê Central do Partidão, que fez as traduções para a coleção *Os pensadores*.

O Estado de S. Paulo, jornal de alma liberal, guerreiro a favor da liberdade de imprensa e contra qualquer tipo de repressão, também defendeu jornalistas que nada tinham a ver com a posição política dos Mesquitas. O caso relevante foi a defesa intransigente do jornalista gaúcho Flávio Tavares, que militou na luta armada e fez parte do grupo de presos trocado pelo embaixador norte-americano Charles Burke Elbrick, em 1969.

Flávio, durante seu exílio, trabalhou no jornal mexicano *Excelsior* e, a partir de 1974, foi seu correspondente em Buenos Aires, quando também passou a escrever para o *Estadão*, assinando como Júlio Delgado. Em 1977, foi para o Uruguai e lá foi preso pelas forças de repressão. Passou quase 200 dias na cadeia e só foi solto pela campanha internacional lançada pelo *Excelsior* e pelo *Estadão*.

Roberto Marinho, de *O Globo*, também mantinha seus funcionários debaixo de suas convicções. É famosa – e lendária – sua frase: "*Dos meus comunistas, cuido eu*", dita em um suposto diálogo com o general-presidente Emílio Garrastazu Médici, que questionava a existência de "pessoal de esquerda" infiltrado entre os funcionários da Rede Globo. E cobrava uma atitude do dono da empresa.

Os jornalistas, de forma geral, defendem causas populares, na medida em que vivem diante de uma realidade cruel, na qual o mais forte é quase sempre o vencedor. E também abominam qualquer atitude que cheire a censura, a opressão, a repressão. Isso não quer dizer que todos sejamos comunistas, socialistas etc. Até porque ser comunista não é sinônimo de ser democrático. Assim como estar na outra ponta do espectro ideológico. Nós defendemos a liberdade de expressão, para que todos possam exprimir ao mundo seus pontos de vista. Todos têm direito a isso.

Roberto Marinho sempre comandou suas empresas com suas ideias. Certa vez, saiu em um crédito de telejornal que o jornalista Ronald de Carvalho, um dos diretores-executivos de Alberico Sousa Cruz – então diretor de Jornalismo da emissora –, seria o editor de Política de tal telejornal. Marinho chiou e cobrou com força.

"*Eu sou o editor de Política*", teria dito Marinho. Ou seja, quem apontaria os rumos do noticiário político seria sempre ele, o dono da empresa.

Natural que fosse assim, na ótica de quem tinha construído praticamente um império de comunicação, seguindo sempre sua própria orientação, a que tinha transformado *O Globo* em um dos principais e mais respeitados jornais do país. Não seria diferente com a sua rede de TV.

Aliás, Ronald e Alberico – antes de se tornar diretor de Jornalismo da emissora – foram parte central de um episódio que marcou os debates eleitorais de 1989 entre Lula e Collor. O segundo debate entre eles teve edições distintas nos telejornais da Casa – uma no *Jornal Hoje*, outra no *Jornal Nacional*. A primeira foi equilibrada e dava peso igual para os dois candidatos. A segunda seguiu a orientação de Roberto Marinho, pelas mãos de Ronald.

O jornalista Paulo Henrique Amorim, falecido em 2019, em seu livro *O quarto poder: uma outra história*, conta que questionou Ronald, logo após a apresentação do *Jornal Nacional*, e mostrou seu estarrecimento pelo desequilíbrio entre as duas edições. Respondeu Ronald: "A ordem era dar o 'bom' do Collor e o 'mau' de Lula. Carreguei a mão para ficar ainda mais grotesco..."[85]

Quem deu a ordem? O dono, Roberto Marinho. Esse episódio teve consequências drásticas na equipe: editores foram afastados ou pediram demissão, e o próprio diretor de Jornalismo, Armando Nogueira, sairia da emissora poucos meses depois. Entrou Alberico.

O próprio Paulo Henrique, que era uma espécie de editor especial do Jornalismo, sofreu alguns perrengues com Roberto Marinho, com relação a temas que o dono da empresa considerava "seus", como questões que envolviam a Petrobras. Em certa ocasião, ele chegou a ser demitido, mas Alice-Maria e Armando Nogueira conseguiram driblar Roberto Marinho, e o jornalista ficou mais algum tempo na emissora.

Presos pela concessão

Na longa conversa que tive com Boni, em 2001, o homem que criou o "padrão Globo de qualidade" me contou que o zelo e o afeto que Roberto

---

[85] Amorim, 2015, p. 300.

Marinho mantinha com suas prerrogativas tinham relação direta com as condições que moldaram a concessão de seu canal. Disse Boni:

> Toda concessão foi dada dessa maneira [informalmente]. Acostumou-se a manter um vínculo entre o poder e o vínculo. Esse vínculo fez com que os profissionais tivessem de sofrer todos os tipos de pressão, não só do poder, mas também os proprietários, porque eles eram devedores de favores. Foi muito difícil à televisão se libertar disso[86].

E Boni contou mais:

> Os canais eram concedidos em troca de promessas de favores políticos. A história da televisão está baseada nisso. Por exemplo, o Canal 4 da Rede Globo foi dado pelo Juscelino Kubitschek ao dr. Roberto Marinho, num guardanapo de um restaurante, onde estava escrito: 'Canal 4, Rio de Janeiro, TV Globo, e assinava embaixo: Juscelino Kubitschek'. Aquilo não era dado nem pelo Congresso, nem pelo Ministério. Era uma coisa pessoal, um poder pessoal do presidente. Quanto à TV Bandeirantes, o João Saad também conseguiu sua concessão numa conversa com o Ademar de Barros: qual é o canal que sobrou em São Paulo? Tem o 13 sobrando. Então, num papel, escrito à mão, estava ali a concessão[87].

Mas Roberto Marinho só colocou a Globo de pé em 1965, graças a um acordo com o Grupo Time-Life, que lhe rendeu dores de cabeça, uma CPI no Congresso e o ódio dos concorrentes e adversários políticos. Ele conseguiu, no entanto, se livrar de tudo e montar seu canal, com a ajuda fundamental de dois executivos brilhantes – Walter Clark e Boni.

Mais perto do nosso momento histórico, o empresário, apresentador, animador de auditório e dono de canal de televisão Silvio Santos – que nunca foi político, mas que até já flertou com uma candidatura a presidente da República, em 1989 – mostrou há pouco tempo o que pensam esses proprietários de meios de comunicação.

Na entrega do Troféu Imprensa de 2017, um dos prêmios que as emissoras de televisão inventam para prestigiar seus próprios

---

[86] Conforme gravação da entrevista que Boni concedeu a mim, em 2001.
[87] Idem.

funcionários, ele rebateu a fala de uma de suas apresentadoras, a jornalista Rachel Sheherazade, que recebeu o prêmio de melhor apresentadora do ano – do SBT, é claro.

Após elogios, Silvio começou as críticas e mandou, ao vivo, na frente de todo mundo, que ela parasse de dar opinião no ar. Rachel reagiu:

> – Quando você me contratou, você me contratou para opinar.

> – Não, eu contratei você para continuar com sua beleza e com sua voz para ler as notícias do *teleprompter*. Se você quiser fazer política, compra uma estação de televisão e faz por sua conta[88].

Ou seja, na mesma linha de Chateaubriand.

Aliás, Silvio Santos sempre levou ao pé da letra o seu papel como dono de sua emissora: ele é quem manda na empresa, e quem manda nele é o dono da concessão, ou seja, o governo, mesmo que essa ideia sofra de um estrabismo flagrante.

Em uma sessão em sua homenagem, com a presença do presidente Jair Bolsonaro e do genro, Fábio Faria, ministro das Comunicações (até a data de fechamento desta obra), Silvio disse ao presidente o seguinte sobre a concessão e sobre as opiniões que são emitidas em seu canal:

"Minha concessão de televisão pertence ao governo federal e eu jamais me colocaria contra qualquer decisão do meu 'patrão'. Nunca acreditei que um empregado ficasse contra o dono: ou aceita a opinião do chefe, ou então arranja outro emprego"[89].

Um canal de televisão é um serviço de utilidade pública e não é propriedade de presidente algum, que não pode retirar a concessão de uma hora para a outra. Isso só acontece em regimes ditatoriais, como se vê em alguns países que se dizem democratas, mas disso nada têm.

Não faz muito tempo, outro caso chamou atenção e mostrou claramente a relação dos jornalistas com as redes sociais e a pressão que é exercida sobre eles, dentro e fora da emissora. Um áudio atribuído ao jornalista Chico Pinheiro, um dos apresentadores do *Bom Dia Brasil*,

---

[88] Stycer, 2017.
[89] Padiglione, 2020.

da TV Globo, postado – como se diz – nas redes sociais, criticava o juiz federal Sergio Moro e defendia o ex-presidente Lula.

Falso ou verdadeiro? Na dúvida, o diretor responsável pelo Jornalismo da Globo, Ali Kamel, disparou uma nota de advertência aos jornalistas da empresa. Na nota, o refinado Ali afirmava que o jornalista não pode

> expressar essas preferências publicamente nas redes sociais [...] pois, uma vez que se tornem públicas [...] é impossível que os espectadores acreditem que tais preferências não contaminam o próprio trabalho jornalístico, que deve ser correto e isento[90].

Ali foi mais longe, ao falar que

> cada vez que isso acontece, o dano não é apenas de quem se comportou de forma inapropriada nas redes sociais. O dano atinge a Globo. E minha missão é zelar para que isso não aconteça. Portanto, peço a todos que respeitem o que está em nossos Princípios Editoriais: e dos jornais sérios de todo o mundo[91].

Ali Kamel está errado? Ele estava apenas cumprindo seu papel de editor (ou diretor) responsável: responsável pelo que é publicado; responsável pelos gestos e falas de seus comandados; responsável pela credibilidade do Jornalismo da emissora; e, principalmente, responsável por resguardar o pensamento – ou a ideologia – dos donos da empresa. Mas ele não é o único: todos os jornalistas responsáveis, em todas as emissoras, têm o mesmo papel e levam a sério o contrato que assinaram. Ocorre que na TV Globo tudo aparece mais, já que é a líder, a de maior audiência, a mais polêmica, a que ainda mantém viva as ideias de Roberto Marinho – o controvertido empresário da comunicação, por toda a vida.

(Ali também é o responsável pelas contratações e pelas demissões. São famosas as suas cartas de demissão, todas elas bem escritas, escorreitas, mas que não escondem uma amargura muito grande, que apenas reflete aquilo que a empresa determina, ainda mais nos tempos bicudos em que vivemos. Pelos elogios que dedica ao demitido, não haveria razão para a dispensa.)

---

[90] Veja.com, 2018.
[91] Idem.

Tanto Ali estava no caminho correto do pensamento da empresa que João Roberto Marinho, um dos acionistas da empresa e presidente do Conselho Editorial do Grupo Globo, semanas depois do primeiro alerta, divulgou diretrizes sobre o uso das redes sociais por jornalistas. Dessa forma, claríssimo.

No texto, João Roberto explicita o que é *"fundamental para a cobertura jornalística"*. Para ele, *"é evidente que, em aplicativos de mensagens, como WhatsApp e outros, [...] todos têm o inalienável direito de discutir o que bem entender com grupos de parentes e amigos de confiança"*.

Mas ele faz a ressalva de que "é preciso que o jornalista tenha em mente que, mesmo em tais grupos, o vazamento de mensagens pode ser **danoso à sua imagem de isenção e à do veículo para o qual trabalha**". "Tal vazamento", completa a nota, "o submeterá [o profissional envolvido] a todas as consequências que a perda de reputação de que é isento acarreta"[92].

Ou seja, você pode até pensar, mas não diga.

Certa vez, o colunista Ricardo Feltrin revelou que Silvio Santos escalou um funcionário para espionar as postagens de seus funcionários (artistas, jornalistas, executivos) nas redes, para saber se estão passando por cima dele com relação às ações de *merchandising*. Quer dizer, a preocupação do dono do SBT extrapola a ideologia: ele vai atrás é do dinheiro.

O pensamento de Silvio é pragmático: se artistas e jornalistas ganham dinheiro porque são do SBT, é muito natural que a empresa receba parte desse valor. Se ocorrer um deslize, pode ser que quem tentou passar a perna no patrão tenha de repassar parte do que recebeu. É a "rachadinha" institucionalizada. E isso atinge funcionários também das emissoras afiliadas.

Em resumo, nenhum jornalista pode fazer comentários sobre política ou economia na televisão que não estejam de acordo com o que pensa o dono do canal (ou do jornal, ou da revista), seja dentro, seja fora da empresa. Ele ou ela é um funcionário 24 horas por dia. Temos a impressão de que cada um tem sua opinião, mas não podemos nos enganar. O comentarista de televisão (ou de jornal, ou de revista), a não ser que tenha a mesma opinião do dono, não tem opinião própria: fica apenas relatando fatos objetivos – como um repórter – ou revelando bastidores de importância discutível.

---

[92] Feltrin, 2018.

E se isso acontece com a iniciativa privada, a questão se aprofunda com relação aos governos. Jamais teremos uma BBC, uma TV pública nos moldes da rede britânica, como já se tentou aqui no Brasil. Nossa cultura é outra. Jamais se verá aqui uma empresa de comunicação bancada pelo governo com amplo direito de opinião, aberta a todas as tendências e ideologias. Isso é inimaginável.

Por isso, eu digo: seria simples demais pensar que algum dono de meio de comunicação deixaria nas mãos de alguém que não pensa como ele os rumos ideológicos (ou gerenciais) de sua empresa. Por mais competente que seja esse profissional. O que o patrão quer é dar credibilidade a seu veículo – que, no fundo, é o esteio para sua venda ou para sua audiência – e que, tecnicamente, tudo siga da melhor maneira possível: que venham os lucros e que o negócio se mantenha vivo. E, mais uma vez, que a credibilidade – dentro do seu ponto de vista – seja mantida.

12

Ladeira abaixo
...

Não é de hoje que se fala que o jornal impresso já era. É uma verdade difícil de aceitar, que muitos rejeitam com veemência, mas que será realidade por um tempo ainda não determinado. Não apenas o jornal está fadado a um triste ocaso, mas também revistas e similares. É um processo caro demais, lento demais para os novos padrões de informação, de comunicação. Tudo que é impresso está virando digital; está passando do papel para as telinhas do computador, do celular, dos *tablets*, que são mais rápidos e envolventes.

Até mesmo as TVs estão em xeque. A revista *Info*, por exemplo, estampou, em sua edição de dezembro de 2012, a manchete "A TV está morta", referindo-se ao avanço de *tablets* e celulares, e ao engajamento das audiências nas redes sociais. Na verdade, a reportagem dizia que a televisão estava mudando, e não morrendo. Ou seja, um truque de título para chamar a atenção.

Em 2014, o Ibope realizou uma pesquisa para a Secretaria de Comunicação Social da Presidência da República (Secom) e constatou que a televisão continua sendo o meio de comunicação mais utilizado pela população brasileira. Segundo essa pesquisa, 65% dos brasileiros estão expostos à televisão por três horas e meia por dia.

Se bem que, atualmente, a concorrência está grande. Reed Hastings, chefe da Netflix, afirmou em uma conferência, no México, também em 2014, que "a era da transmissão da TV vai durar provavelmente até 2030"[93]. Hoje, já mudou bastante em comparação ao que era há décadas. E ele tem razão diante do quadro que se nos apresenta: a chegada do *streaming*, com os vídeos carregados na nuvem, e do *on demand*, pelo qual o cidadão vê o que quer, quando quer, em uma espécie de locadora virtual. O noticiário dos telejornais vem no mesmo pacote, junto com filmes, séries e o que mais se queira.

Tragédia maior acontece com as livrarias. Os livreiros do Brasil estão sentindo isso na pele. Na Europa, esse fenômeno já ocorre há décadas. Na Espanha, desde 2009, mais de cem espaços fecharam as portas. No Reino Unido, em 2012, a falência atingiu 400 estabelecimentos. O mesmo acontece, em proporções variadas, em Lisboa, em Roma, em Paris. É, sem dúvida, a chegada da internet ocupando o seu lugar.

Na realidade, o que vai existir – já está existindo – é uma convergência dos meios de comunicação, e não a morte de um ou de outro. A tecnologia proporciona isso. A televisão não matou o rádio – ela dividiu o espaço com ele. Todos os meios de comunicação estão convergindo e interagindo e não é possível mais tratá-los separadamente, como ensina o jornalista Ethevaldo Siqueira, especialista na área.

Mas há quem afirme com convicção que a morte da TV é um fato inexorável. Claro que os anunciantes, a publicidade em geral, ainda contam muito com esse meio eletrônico. O fenômeno do sumiço da televisão, como o veículo que conhecemos hoje, e como querem os visionários, parece distante, ainda mais que é uma forma de entretenimento pouco dispendiosa para as famílias e com largo alcance.

Os visionários de hoje, porém, estão atrasados pelo menos 40 anos. Já em 1972, o empresário e jornalista francês Jean-Louis Servan-Schreiber dava um passo à frente na análise, ao lançar o famoso livro *Le pouvoir d'informer* (*O poder de informar*, em tradução livre), no qual anunciava uma nova era na comunicação. Não havia naquele

---

[93] Lafloufa, 2014.

momento nada do que temos hoje (como *smartphones*, internet, *blogs*, Facebook etc.), e a televisão apenas engatinhava, se compararmos com o que ela é hoje.

Em seu livro, Servan-Schreiber colocava em xeque tudo o que havia no reino das comunicações, tomando como base os avanços na área, naquela época. E criticava a própria imprensa, que pouco difundia e ampliava esse debate, como se considerasse indecoroso e inoportuno abrir a questão ao grande público.

O fato é que, já em 1972, morria um tradicional jornal francês, o *Paris-Jour*, e só com esse desaparecimento é que o público pôde notar que havia algo errado com a imprensa. Ao desenvolver o capítulo "O enterro das folhas mortas", o jornalista pontuou todos os eventos que o levaram à sua conclusão de que havia uma grave crise no ar. E constatou que os problemas vinham acontecendo há décadas: em 1956, desapareceu o semanário *Collier's*, que tirava 4 milhões de exemplares; em 1969, sumiu o *Saturday Evening Post*, que vendia outros 4 milhões; em 1971, sucumbia a lendária revista *Look*. Todas as publicações editadas nos Estados Unidos.

Não parou aí. Pouco a pouco, os velhos e tradicionais jornais e revistas – muitos deles, centenários – iam desaparecendo das bancas e da vida dos norte-americanos. E, claro, o fenômeno dessa leucemia generalizada não se restringiu apenas aos Estados Unidos. O mesmo aconteceu em vários locais da Europa, como França e Grã-Bretanha, que perderam títulos importantes, como *Paris Match* e *Picture Post*.

A causa dessas mortes em sequência é frequentemente apresentada como o crescimento da televisão. Contudo, seria simplista demais. Foi isso, mas não apenas isso. Os analistas acentuam que o ponto central talvez tenha sido mesmo a gestão, a maneira de conduzir os negócios, ao se gastar muito mais dinheiro do que as empresas poderiam. Como acontece com os governos atuais, que gastam muito mais do que arrecadam. Matemática banal.

Da mesma forma que os jornalistas, também as empresas precisam se adaptar aos novos tempos e, com isso, levar com elas a nova safra de profissionais, sem deixar de contar com a experiência equilibrada dos mais tarimbados – é uma combinação que pode dar certo, pelo menos por algum tempo.

Há, claro, quem lute com unhas e dentes, principalmente os donos das corporações, para manter os jornais impressos em pé, apesar de toda pressão que sofrem das novas mídias, da nova tecnologia que invade o dia a dia dos indivíduos. Os jornais vêm perdendo terreno, quanto a isso não há a menor dúvida. Basta olhar para o número de publicações notáveis que encerraram suas atividades, diminuíram sua tiragem ou vêm encontrando grandes dificuldades para sobreviver.

Por isso, foi surpreendente a afirmação de Nizan Guanaes, do Grupo ABC, um dos mais importantes e conceituados publicitários brasileiros, em um seminário sobre comunicação – o *Summit* de Comunicação, a Força da Mídia Impressa, realizado em dezembro de 2015, em São Paulo. Disse Nizan:

> Nada substitui um grande anúncio em jornal e revista. [...] A mídia impressa é hoje uma das melhores oportunidades de mercado e, globalmente, alcança uma receita maior do que as indústrias de música e de educação. Seu desafio é se modernizar e se flexibilizar para novas soluções, como anúncios de todos os formatos[94].

Nizan foi seguido por outros publicitários – havia no seminário 300 profissionais de publicidade, propaganda e marketing –, como Luiz Lara, da Lew Lara/TBWA:

> A mídia impressa não é apenas um pilar da democracia. Ela é a democracia. É a mídia de maior credibilidade e pauta todas as outras. Jornais inspiram uma maior confiança e a transferem inclusive para os anúncios[95].

Eu mesmo sou fã ardoroso da imprensa escrita, dos jornais, do calor das redações. Nasci ali para a profissão, desde *A Tribuna*, de Santos, e essas raízes não podem ser ignoradas. Nesse mundo complexo, apaixonante e maravilhoso, conheci pessoas interessantes, profissionais excelentes, de alto gabarito, com conhecimento profundo da vida e do mundo, com pensamento cheio de liberdade.

Mas temos de reconhecer que a tecnologia avança, o mundo gira, e a tendência é que as fontes de informação sejam cada vez mais repartidas

---

[94] Logweb, 2015.
[95] Idem.

entre as diversas plataformas criadas em todos esses anos. Digamos, de 40 anos para cá.

Temos de admitir, com uma ponta de conservadorismo, que a velocidade com que as novidades vêm aparecendo, atropelando velhas inovações, deixa um ponto de interrogação na cabeça de todos. Nenhuma invenção é tão genial que não possa desaparecer em seguida. Quem ainda se lembra do *Second Life*, que já teve 4 milhões de seguidores; ou do *My Space*, uma das estrelas das redes sociais lá pelo ano 2000?

E é bom lembrar que uma instituição centenária, como o telégrafo, também sumiu do mapa, na Índia e em outros tantos países, abatido pelos SMS, *e-mails*, celulares e redes sociais. Quem se lembra dele? (Hoje se questiona até mesmo a existência dos correios estatais, em eterna crise de identidade.)

Que diremos, então, das grandes revistas e dos grandes jornais, que simplesmente desapareceram ou foram reduzidos a meros apêndices de outras corporações?

Que dizer da *Newsweek*, esse ícone do Jornalismo norte-americano, que já vendeu milhões de exemplares semanais? Ela era propriedade do *Washington Post* e foi vendida em 2010 pelo valor simbólico de um dólar. Depois de 80 anos de vida auspiciosa, deixou de ser publicada em papel e se fundiu com a empresa de informação *on-line The Daily Beast*. Seu fim está próximo.

E o *Boston Globe*, rico em história e em prêmios, que pertencia ao *New York Times* e foi vendido por 70 milhões de dólares a um investidor que é dono de um time inglês de futebol? O *NYT* não iria se desfazer do *Globe* por nenhum motivo. O *Globe*, é bom lembrar, é aquele jornal que fez um brilhante trabalho de investigação e descobriu abusos sexuais contra menores perpetrados pela Igreja católica dos Estados Unidos.

Aliás, é bom que se diga: demorou, mas o Vaticano, pela voz do Papa Francisco, reconheceu, em 2021, todo o trabalho consumido pelo *Boston Globe* para trazer à luz os escândalos de abuso sexual por parte do clero. Ele chamou esse trabalho de "missão do Jornalismo" e disse ser vital que repórteres saiam das redações e descubram o que está acontecendo no mundo exterior, para frear a desinformação encontrada *on-line*. Disse o Papa: "Agradeço a vocês pelo que nos dizem sobre o que está errado na Igreja, por nos ajudar a não esconder isso debaixo do tapete, e pela voz que vocês deram às vítimas de abuso"[96].

O trabalho, que havia ganhado um prêmio Pulitzer, virou até filme e ganhou o Oscar de 2016, com um elenco de primeira e uma história que comoveu. Atingiu profundamente a Igreja, abalada até hoje. E o Jornalismo investigativo ganhou pontos. "Spotlight" é o nome da seção do *Boston* – e do filme –, a área investigativa, e cuja tradução do inglês é "holofote", que procura jogar luz sobre fatos ocultos de interesse público. Ou seja, o *Boston Globe* não é qualquer jornal, e mesmo assim o *NYT* livrou-se dele.

E o britânico *Independent*, fundado em 1986 e que vinha acumulando prejuízos em seus últimos anos? Em 1990, sua tiragem chegou a 423 mil exemplares, superando até mesmo o *Times*, do empresário Rupert Murdoch. Em seus momentos finais, vinha tirando 40 mil, mas nem isso compensava o custo. Em 26 de março de 2016, 30 anos depois do nascimento, tornou-se um jornal *on-line*.

O *Independent* foi o primeiro grande jornal britânico a passar de impresso a exclusivamente digital, o que já havia ocorrido com o espanhol *Público* e com o francês *La Tribune* – que sai em papel uma vez por semana. Atualmente, em 2022, o *site* do *Independent* atrai 70 milhões de visitantes por mês, já é rentável e espera crescer ainda mais – em torno de 50% em um ano.

O jornalista e sociólogo galego Ignacio Ramonet que, entre outros postos, foi diretor de redação do *Le Monde*, informa em seu livro *A explosão do jornalismo* que, em apenas um ano, de 2008 a 2009, a difusão da imprensa escrita caiu aproximadamente 11% e abalou até os chamados "jornais diários de referência", como *Le Monde*, *El País* e *Corriere della Sera*. Entre 2003 e 2008, a circulação mundial de jornais diários pagos desabou 7,9% na Europa e 10,6% na América do Norte. Enquanto isso, a televisão continuou sendo a maior receptora de publicidade, absorvendo 39% do mercado[97].

A jornalista argentina Inês Hayes publicou no *site ODiario.info* um artigo cujo próprio nome retrata a gravidade da situação: os principais diários do mundo estão falidos. Nele, a autora passeia pela condição de várias organizações, de várias empresas, e pinta um quadro tenebroso,

---

[96] Balmer, 2021.
[97] Ramonet, 2012, p. 31.

principalmente dos regionais norte-americanos, mas também de grandes conglomerados. Fala da queda de circulação dos jornais, das demissões, das falências.

O artigo é de 2009 e cita, por exemplo, o caso da empresa editorial McClatchy Company, que edita 30 diários, entre eles o *Miami Herald*, e que anunciou o fim de 1.600 postos de trabalho, o que representava 15% de sua força laboral. Menciona ainda a gigante EW Scripps Company, proprietária de 15 jornais diários e 10 canais de televisão. A Scripps despediu 400 funcionários e fechou o *Rocky Mountains News*, que iria completar 150 anos[98].

A jornalista viaja também pelo que acontece na Europa. O grupo Prisa, um dos maiores complexos midiáticos da Espanha, que edita o *El País*, tem uma dívida de 5 bilhões de euros. O administrador do grupo, o jornalista Juan Luís Cebrián, pediu até mesmo a intervenção do governo e do parlamento para evitar a ruína do conglomerado[99].

Aqui pela América Latina, a situação não é melhor. Vimos nos últimos anos grandes ícones da imprensa brasileira desaparecerem no ar, em um processo doloroso e decepcionante. É o caso do *Jornal do Brasil* e do *Jornal da Tarde*, que marcaram a história da imprensa, por tudo que trouxeram de novo no campo editorial e de estilo, pela revelação de novos e talentosos jornalistas, e pela luta em favor da liberdade de expressão.

De tempos em tempos, tomamos um susto. No final de 2020, ele veio da *Gazeta do Povo*, de Curitiba. Sua direção tomou uma decisão drástica e resolveu jogar todo o futuro da empresa no meio virtual. Ou seja, o jornal saiu das bancas e passou a morar na tela de computadores, *tablets* e *smartphones*. Apenas uma vez por semana sai de forma impressa. A empresa vai investir na ideia 23 milhões de reais, mas seus donos dizem que estão seguindo uma tendência mundial: nos Estados Unidos, já são 81% os cidadãos que consomem unicamente notícias *on-line*.

Há alguns números que explicitam essa tendência: em 2017, o *site* Poder 360 divulgou uma pesquisa informando que a tiragem impressa dos maiores jornais brasileiros perdeu 520 mil exemplares em 3 anos. Enquanto isso, o acesso a *sites* de notícias cresceu 547%[100].

---

[98] Hayes, 2009.
[99] Idem.
[100] Poder 360, 2018.

A pesquisa de 2014 realizada pelo Ibope para a Secom também traz um dado alarmante. O levantamento mostra que a maioria dos brasileiros (75%) não costuma ler jornal impresso. Na verdade, apenas 6% da população tem o hábito de leitura diária dos jornais. Enquanto isso, 65% estão expostos diariamente à televisão, embora o meio que mais cresce entre a população seja a internet: 26%[101].

Uma briga boa

Quais são as razões de tudo isso? São inúmeras, mas talvez a mais forte seja a dificuldade que a imprensa escrita tem de enfrentar de peito aberto a concorrência das novas plataformas. Como conseguir sobreviver nessa guerra insana e que só tende a se agravar? Como obter o alimento fundamental da publicidade nesse ambiente desfavorável, no qual o campo de batalha é o imediatismo da informação e a falta de tempo para se ler uma notícia?

No entanto, há quem defenda com veemência a permanência do papel. Roberto Civita, herdeiro do império da Abril, tinha paixão pelas revistas. Nada o entusiasmava mais do que elas. E, quando tentou adentrar outros caminhos, outras mídias, deu com os burros n'água. Foi assim com sua vã tentativa de entrar na área dos audiovisuais. Mas os herdeiros de Civita não conseguiram segurar a barra e levaram a empresa para um glorioso brejo – a Abril já não pertence mais à família.

João Roberto Marinho, vice-presidente das Organizações Globo, em uma conversa com seus diretores de redação, publicada na edição de julho de 2012 de *O Globo*, confidenciou que, apesar de todos os desafios,

> o papel ainda é a melhor mídia, a melhor plataforma de suporte para você ter um conjunto de informação organizada e estruturada. O papel, como apresentação do noticiário do dia, do que você precisa estar informado quando sai de manhã para o seu dia de trabalho, ou de estudo, ainda é uma plataforma sensacional[102].

Certamente o filho de Roberto Marinho, que orienta o lado editorial do grupo, herdou o carinho profundo que o pai tinha pelo jornal que

---
[101] Peres, 2014.
[102] Rocha et al., 2012.

foi do avô Irineu, a pedra basilar do grupo, e que nunca deixou de ser sua empresa preferida. Mesmo com a televisão bombando na sociedade e dando tanto retorno financeiro. Só que Roberto Marinho começou sua aventura na TV quando tinha 60 anos e já era um dos grandes empresários de comunicação do país.

Mas João Roberto terá de reinventar permanentemente seu querido produto. E ele sabe disso. Evgeny Lebedev, dono do *Independent*, já caiu na real. Em um comunicado no qual anunciou o fim da edição impressa de seu jornal, ele disse que "a indústria de jornais está mudando, e essa mudança está sendo conduzida pelos leitores. Eles nos mostram que o futuro é digital"[103].

É uma situação peculiar: o empresário precisou deixar o saudosismo de lado e partir para a nova realidade, mas, ao mesmo tempo, ainda sabia pouco sobre como enfrentar o desafio e garantir o suporte do novo empreendimento. De qualquer forma, sua ousadia deu certo: seis meses depois de suprimir a edição impressa, como já disse linhas antes, e se concentrar nas versões digitais, o *Independent* voltou a ser lucrativo, depois de mais de 20 anos. A receita com publicidade digital cresceu 45% em 12 meses[104].

Lebedev foi radical no corte de custos de impressão, distribuição e redação, no que, aliás, foi acompanhado por outros empresários ingleses e em todo o mundo: o número de jornalistas passou de 200 para 100, permaneceram apenas os principais profissionais, como alguns correspondentes fundamentais.

O time dos que ainda apostam no impresso e torcem por uma vida mais longa dos jornais é forte. Walter Robinson, que chefiou aquela equipe do *Boston Globe*, que denunciou os abusos sexuais cometidos por padres católicos, acredita – disse isso em uma entrevista à *Folha*, em 2016 – que os

> jornais ainda são a principal fonte de informação e reportagens de fundo. O problema é que demos de graça o nosso produto por tanto tempo [na internet] que é difícil convencer o público de que, se você de fato quer notícias com profundidade, tem de pagar por elas[105].

---

[103] Valor Econômico, 2016.
[104] Dennis, 2016.
[105] Ninio, 2016.

Mas parece que este é mesmo o fim dos jornais: cobrar pela credibilidade. O vice-reitor da Universidade de Navarra, na Espanha, professor Alfonso Sánchez-Tabernero, afirmou, em uma entrevista ao *Estadão*, já em 2011, que os veículos impressos têm de investir em análise e interpretação, valendo-se de sua credibilidade.

Disse ele:

> O perceptível é que os jornais estão lentos para entender que o papel é um suporte que permite trabalhar em algo que a internet e a rede social não podem: a seleção de notícias, Jornalismo de alta qualidade narrativa e literária. É para isso que o público está disposto a pagar[106].

Em resumo, por mais que os terroristas de plantão façam alarde, os jornais não morrerão tão cedo, mas terão de mudar seu enfoque, seus objetivos, a maneira de chegar ao leitor. As análises estão vivas; as manchetes com notícias de ontem já não existem mais.

O jornalista Alberto Dines, um dos ícones do Jornalismo brasileiro, já mencionado neste livro, comandou grandes jornais, mudou a forma de colocar a notícia no papel e foi um ser perdidamente apaixonado pelo impresso. "O ser humano é muito avarento, não abre mão das coisas boas que inventou. As pessoas aprimoram o uso, mas não largam. Gostamos de jornais impressos periódicos durante os últimos 400 anos, e não vamos abrir mão disso"[107]. Disse isso em uma entrevista à revista *Plug*, do Curso Abril de Jornalismo.

Outro remanescente do *Boston Globe*, Martin Baron, que está no *Washington Post*, confessou em entrevista à *Folha*, em 2016, que

> estamos diante de uma situação inevitável, vivemos numa sociedade que é digital e mobile, e precisamos acolher essa mudança com entusiasmo e esforço, por mais que sintamos saudade do antigo modo de trabalhar[108].

Otávio Frias Filho, na abertura de um seminário que seu jornal promoveu, em comemoração aos 95 anos da *Folha de S. Paulo*, em fevereiro de 2016, apontou as causas dos problemas que afligem os jornais impressos:

---

[106] Balmant, 2011.
[107] Butti, 2011.
[108] Colombo, 2016.

> Os pilares de sustentação econômica do Jornalismo foram abalados pela transformação tecnológica. Bom Jornalismo é atividade dispendiosa. Embora exista um público muito promissor disposto a remunerar o trabalho jornalístico na forma de assinatura digital, a perspectiva publicitária nesse campo tem se mostrado mais problemática[109].

João Roberto, do *Globo*, também sabe disso. Disse ele na conversa com seus editores:

> O desafio mais forte, onde está a maior competição na internet, é no comercial. É nos anúncios. O papel não tem problema, não terá problema. O difícil para o jornal vai ser atuar com inteligência com relação aos anúncios e ser eficiente para os anunciantes[110].

Clay Shirky, professor da Universidade de Nova York, afirmou em um artigo para a *Revista de Jornalismo ESPM*, em 2013, que é preciso rever conceitos e questionar o famoso tripé veículo-leitor-anunciante. E que ler informação, hoje, mudou de patamar: "Lemos o que os amigos mandam, não importa qual a fonte [amigos deles, provavelmente]. Já não escolhemos essa ou aquela publicação. Escolhemos *links*"[111].

De fato, é algo com o que se preocupar – e preocupar principalmente os empresários de comunicação. O Museu da Imprensa, em Washington, revela que mais de 2,3 mil jornais norte-americanos faliram com o surgimento da internet. Um desses jornais tinha mais de cem anos. Eles não conseguiram se adaptar aos novos tempos, nem encontraram a fórmula para sobreviver na terrível guerra contra as novas tecnologias. O segredo é usá-las, não ir de encontro a elas.

E é por isso que os especialistas não entenderam nada – e continuam sem entender – quando Jeff Bezos – dono da Amazon, um dos revolucionários da internet e um dos homens mais ricos do mundo – comprou por 250 milhões de dólares o histórico *The Washington Post*. Seria em busca de mais prestígio, já que o *Post* é um dos ícones do Jornalismo mundial? Vamos ter a imensa paciência de Bezos para entender, a qualquer momento, quais são seus objetivos.

---

[109] Frias Filho, 2016.
[110] Rocha et al., 2012.
[111] Shirky, 2013.

Uma dica para seus propósitos talvez seja a permanência de Martin Baron como editor principal do *Post*. Disse ele, naquela entrevista à *Folha de S. Paulo* de 2016, que os velhos jornalistas precisam "passar logo por um período de luto e olhar para a frente, porque o Jornalismo que eles conheciam acabou, mas há vida adiante"[112].

Baron disse ainda que a chave do bom Jornalismo é a imparcialidade, uma "imprensa independente, justamente a que não está aliada nem com a esquerda, nem com a direita, nem com nenhum partido". Talvez Bezos esteja preparando alguma novidade na área[113].

Há um *deadline*?

Os fatos, porém, são incontestáveis, e nem sempre o otimismo está presente nessa questão. O jornalista Ethevaldo Siqueira – com quem tive a honra de dividir a mesma redação em *O Estado de S. Paulo* e, como já disse, foi quem criou a editoria de "Ciência e tecnologia" do jornal –, vem acompanhando o movimento dos jornais no mundo e contou em sua coluna do *Estadão*, em março de 2012, que viu em um gráfico instalado em um grande diário norte-americano uma projeção da circulação dos jornais, nos últimos 20 anos, e notou uma curva descendente que chega a zero por volta de **2043**. Sobre o gráfico, uma frase declara de modo categórico: "O jornal está morrendo". No rodapé do quadro, os jornalistas escreveram: 'Mas o Jornalismo, não'"[114].

As previsões não param aí. Francis Gurry, chefe da Organização Mundial da Propriedade Intelectual, em entrevista ao jornal *Tribune de Génève*, calculou que os jornais no formato como os conhecemos hoje vão desaparecer até 2040. A partir daí, segundo ele, todos os países terão de fazer a transição do papel para o meio digital[115].

O jornalista Rosental Calmon Alves, diretor do Centro Knight para o Jornalismo nas Américas, é franco quando diz que o jornal já está morto. No entanto, o que ocorre, para ele, é que

> outro jornal já nasceu, que continua sendo relevante pra sociedade, cumprindo um papel importante, mas não

---

[112] Colombo, 2016.
[113] Idem.
[114] Siqueira, 2010a.
[115] Gugelmin, 2011.

tem mais a operação monomídia. É multimídia. Nunca o velho jornal sonhou em chegar a tanta gente como chega atualmente[116].

Rosental também diz:

> A TV tem texto, o jornal tem áudio, a rádio tem vídeo. Mas cada um tem o seu ponto forte, e vai continuar tendo. [...] O que a internet fez foi transformar o mundo de tal maneira que todos se tornaram um meio de comunicação. A gente passou de uma comunicação dominada por meios de massa para uma comunicação dominada por uma massa de meios, onde cada um de nós pode expor suas ideias nas redes sociais ou onde quer que seja[117].

Pessoalmente, não acredito que a morte dos jornais impressos esteja tão próxima, mas alguma coisa terá de acontecer. O jornalista e doutor em comunicação e semiótica pela PUC de São Paulo, Leão Serva, em seu livro *A desintegração dos jornais*, aponta alguns movimentos que as empresas jornalísticas estão fazendo, como cortes de custos generalizados – que incluem jornalistas – e a fusão de equipes de conteúdo. E, nesse ponto, ele vê perigo nas fusões de equipes *on-line* e *off-line*, que nada têm a ver uma com a outra.

O desespero dos empresários em realizar essa integração maluca parte do fato de que, por enquanto, quem vem alimentando a empresa é o grupo *off-line*, embora todos sintam que a audiência vem baixando. Mas, por outro lado, quem vem crescendo vertiginosamente é o grupo *on-line*, embora isso não se traduza em receita. Diz Leão Serva: "É a área impressa que até o momento paga suas contas"[118].

Então, como sair desse imbróglio?

Não é fácil. Em 2013, o jornalista Caio Túlio Costa passou meses cursando um pós-doutorado na *Columbia University Graduate School of Journalism*, em Nova York, onde estudou qual deve ser a saída para que as empresas jornalísticas tenham um modelo rentável na era digital.

---

[116] Matsuura, 2016.
[117] Idem.
[118] Serva, 2014, p. 12.

O estudo gerou um trabalho de 107 páginas e chegou a uma conclusão drástica: "É preciso partir do zero, porque a cadeia de valor é outra"[119].

Aliás, antes mesmo de Caio Túlio, Don Tapscott, uma das maiores autoridades no tema do impacto dos meios digitais nas empresas e na sociedade, escreveu na introdução do livro *Rede*, do jornalista Juan Luis Cebrián, que "à medida que o comércio se transfere para a rede, todo o conceito de empresa se transforma"[120]. O jogo da internet é outro.

O estudo de Caio Túlio só confirma isso. Mas não é um estudo capaz de agradar aos donos dos jornais e revistas, ainda que o que esteja pela frente sejam questões de mudança.

No seu artigo para a *Revista da ESPM*, Clay Shirky dá a receita para os meios de comunicação tradicionais enfrentarem seus problemas nos próximos anos: "encolher, reestruturar ou desaparecer"[121]. Nenhuma saída é fácil. (E, aqui, vem a pergunta: será que uma redação menor vai entregar um produto com a mesma qualidade?) O recomeço é um desafio, principalmente para quem está estabelecido há séculos no mercado. Ocorre que, hoje, o mercado é outro.

No seu trabalho "Um modelo de negócio para o Jornalismo digital: como os jornais devem abraçar a tecnologia, as redes sociais e os serviços de valor adicionado", Caio Túlio, de larga experiência em redações, sugere o chamado "*paywall* poroso" (liberar parte das notícias e cobrar pelas demais), não o fechamento do conteúdo. Parece que os jornais impressos estão caminhando por aí. O *New York Times* é o melhor exemplo.

Mais do que isso, Caio Túlio afirma que os grandes jornais, que precisam encarar os novos tempos, devem enfrentar o desafio de recomeçar do zero. Deixar de lado as velhas fórmulas de gerenciar seus negócios e partir para o século XXI. Para ele, é preciso esquecer um modelo de negócios que vigorou por quase seis séculos, desde Johannes Gutenberg, e entrar de fato na nova era. Como vem tentando o *Times*, sobre o qual, mais uma vez, recaem todas as esperanças de sucesso.

Aqui no Brasil, um exemplo a ser citado são as Organizações Globo, que desde 2018 vem pondo em prática seu projeto de reorganização, com o objetivo de tornar-se uma *media tech*. A ideia é unificar quatro

---

[119] Costa, 2014.
[120] Cebrián, 1998, p. 15.
[121] Shirky, 2013.

companhias – TV Globo, Globosat, Globoplay e Globo.com – e mais a diretoria de gestão corporativa, atuando em áreas que vão da TV aberta e fechada até internet e streaming. Quem comanda o projeto é Jorge Nóbrega, que foi presidente-executivo do Grupo Globo até 2021, que prega a valorização de produtos e marcas por meio de parcerias e "chegar a um novo patamar para somar economia da atenção com a da transação. [...] Isso é algo que pode ser remunerado. Trata-se de um ativo imenso que temos de monetizar melhor"[122].

A palavra é: ruptura

Várias tentativas já têm sido realizadas para se alcançar um caminho diferente do fracasso. Um desses caminhos é romper o padrão de relacionamento das empresas de comunicação com o mercado. A Associação Nacional dos Jornais (ANJ) lançou uma ferramenta que procura mudar a forma de o mercado publicitário encarar o investimento nesse tipo de mídia. A ANJ quer negociar, por meio de uma plataforma na internet, os anúncios nos *sites* de suas 130 publicações. É uma forma de inovar.

A TBWA – uma agência de publicidade, com sede em Manhattan – criou, ainda em 1991, uma proposta que busca soluções diferentes para resolver os problemas do setor. O presidente mundial da TBWA, Jean Marie Dru, acredita que a ruptura do método pode ser utilizada para o desenvolvimento de novas estratégias, para a criação de projetos de inovação e para reformulações de modelos de negócios, a fim de se enfrentar um novo cenário competitivo.

Diz ele: "Acredito que as empresas estão cada vez mais apostando na ruptura [dos antigos modelos]. Está claro que tentar fazer mudanças passo a passo é uma estratégia menos eficiente"[123].

Philip Meyer, pesquisador e professor da *University of North Carolina*, em seu livro *Os jornais podem desaparecer?*, cita o economista alemão (radicado nos Estados Unidos e falecido em 2006) Theodore Levitt, que popularizou a expressão "tecnologia de ruptura". Meyer diz o seguinte sobre as teorias de Levitt: "Esse modelo convida a repensar a qual

---

[122] Rosa, 2021.
[123] Scheller, 2014.

tipo de negócio os jornais pertencem ou deveriam pertencer"[124]. Ele faz uma analogia com as comparações de Levitt, que citou o exemplo das empresas ferroviárias, que se agarraram a uma definição estreita do empreendimento e não se atentaram para o fato de pertencerem à indústria de transportes.

Meyer se vale de outro especialista, Hal Jurgensmeyer – que foi vice-presidente da Knight Ridder, empresa norte-americana de mídia que chegou a ser o segundo maior grupo editorial dos Estados Unidos, com 32 jornais diários, e saiu do mercado em 2006 –, para expor suas ideias. Para Jurgensmeyer, o grupo pertencia não ao setor de Jornalismo ou de informações, mas ao **"setor de influência"**.

"A influência social de um meio de comunicação", analisa Philip Meyer,

> pode aumentar sua influência comercial. Se o modelo funcionar, um jornal influente terá leitores que confiam nele e, portanto, mais valor para os anunciantes. [...] A beleza deste modelo é que ele fornece uma justificativa econômica para a excelência em Jornalismo[125].

As bravas tentativas do *NYT* parecem estar dando certo. O segundo semestre de 2018 mostrou um avanço vigoroso das assinaturas digitais, com mais de 109 mil assinantes *on-line*. Com isso, as receitas cresceram, contrabalançando a queda da publicidade do jornalão impresso. O *Times* tem em 2022 quase 3 milhões de assinantes digitais. Esses assinantes representam dois terços das receitas da companhia. Mesmo assim, ocorreu um declínio de 10% nas receitas de publicidade. Os anúncios do impresso caíram 11,5%.

Em resumo, jornais e jornalistas precisam encontrar novos caminhos diante do novo mundo que se abre. Os jornais devem encontrar outro modelo para seu negócio; e os jornalistas, tanto do impresso como do digital, novas formas para se adequarem a esse novo cenário – sempre estando alerta para o fato de que cada plataforma tem sua linguagem própria. E tudo isso terá sucesso apenas quando houver um clima de liberdade total, de expressão e de pensamento, e uma variação grandiosa de ideias. Que assim seja.

---

[124] Meyer, 2004, p. 17.
[125] Idem, p. 18.

13

Fim ou começo de papo
...

Será que podemos tirar alguma conclusão de tudo que foi discutido? A única que vejo é a de que o Jornalismo, com "J" maiúsculo, sempre terá um papel importante na vida de qualquer país, com a condição de que se leve a democracia a sério, que seja um regime no qual todos tenham a possibilidade de opinar, de fazer escolhas, de lutar por seus direitos. Sem ela, nada feito.

Tenho sérias dúvidas quanto ao futuro do jornalista profissional, afogado por uma legislação que não lhe é favorável, pela situação dramática das empresas de comunicação, pela pressão sistemática que vem de todos os lados e, sobretudo, pelos interesses mesquinhos de boa parte dos órgãos de informação.

Jornalistas, empresas, cidadãos – a sociedade, enfim – terão de se adaptar aos novos tempos, aos novos inventos, ao novo. O ser humano é bom nisso. A famosa frase dita pelo professor Leon C. Megginson, quando, em um discurso, procurava interpretar a obra de Charles Darwin, cabe bem aqui: não é o mais forte que sobrevive, nem o mais inteligente, mas o que melhor se adapta às mudanças. Se a essência do Jornalismo não muda, a forma de fazê-lo, sim. O mesmo ocorre com a forma de ler, de buscar uma informação. Os laboratórios do Vale do Silício estão aí para expandir suas novidades.

Vamos dar uma chance para a esperança em melhores dias. Com certeza, as informações vão circular entre nós com mais intensidade e rapidez, pelas redes sociais, pelos computadores, por equipamentos portáteis, como os *smartphones*, mas também pelos noticiários de TV, principalmente nos canais fechados, pagos – e torcendo para que novos canais cheguem, oferecendo empregos e outras visões da realidade, sem deixar os fatos de lado.

Os canais abertos de televisão continuarão a ter influência, porque são mais baratos, mas precisam mudar sua cara. É angustiante assistir a um telejornal às 8 horas da noite, dando uma informação que correu o dia todo pela internet, pelas redes sociais, pelos *sites* de notícias ou pelo próprio canal, sem acrescentar nem uma vírgula à informação.

Os jornais impressos vão desaparecer? Vão, mas isso não ocorrerá tão cedo. Nos países mais desenvolvidos, isso provavelmente acontecerá de modo mais rápido. O Brasil chegará atrasado mais uma vez. É preciso que se diga, porém, que o papel ainda é abundante, até em demasia, nos países mais ricos e nos que se destacam na corrida tecnológica. Esse é um sinal de que a marcha ainda será longa.

Mas os donos dos jornais, ou daqueles instrumentos ou plataformas que fazem a comunicação, sabem que precisam mudar seu modo de encarar o negócio. O "fazer comunicação" (captar o fato, exercer a tarefa de contar a história e distribuí-la) mudou, e é preciso acompanhar essa mudança – para que seja uma atividade mais livre, leve e solta, verdadeira, sem preconceitos e idiossincrasias.

Quem precisa mudar, modernizar seus métodos de ensino, são as faculdades de comunicação, de Jornalismo. O ensino padrão da profissão necessita de um *upgrade* para acompanhar seus próprios alunos, muitas vezes mais antenados do que os professores, mais ligados nas novas tecnologias, mais habilitados a operar os novos meios de encarar o mundo e a vida. A base é a educação – essencial para que o cidadão possa dirimir incertezas, levantar questões, duvidar.

Haverá cada vez mais a interação dos indivíduos interferindo nessas formas de comunicação, no tráfego dessas informações. Cada um tem sua visão de mundo, não necessariamente a visão com a qual todos concordam, e é preciso saber escolher em quem acreditar.

A diferença entre o que é verdade e o que é pura especulação ou paixão fica por conta da **credibilidade**. E a disputa pelo espaço no coração dos clientes – se é que podemos chamar assim todos nós, receptores dessas informações – é um caso que está nas mãos da **qualidade** do Jornalismo, da fonte da informação.

A credibilidade é o xis da questão. E todas as paixões devem ser assimiladas, decantadas e separadas com respeito.

Por isso, a formação dos profissionais deve ter maior atenção. O ensino e a imparcialidade devem ser prioridades nos veículos chamados independentes, que são aqueles que lutam por uma informação sem contágio.

E, com todas as ameaças e todos os obstáculos, o que deve valer na vida do jornalista é que sua tarefa, para ser cumprida à risca, precisa ter como fonte inspiradora a vontade de que toda a verdade seja exposta – para todos e por todos os ângulos. Não há meias verdades, embora cada um tenha a sua.

Então, como alimento para que o profissional possa, com sangue e suor, retratar toda essa verdade, e fazer com que ela chegue a todos os cantos, o que não lhe pode faltar é o tesão, que tem como sinônimos intensidade, valentia e coragem. Ele ou ela também deve passar por cima de todas as agruras e ameaças – venham elas da chefia, da concorrência interna e externa, do Estado, do tempo ou da consciência. Sem essa fúria intensa, sem esse vigor, sem essa vontade avassaladora de contar para todos o que se viu e ouviu, acaba-se o encantamento e a sedução vira pó.

14

Bibliografia e sugestões bibliográficas

...

Desde o momento em que eu pus os pés em uma redação de jornal e depois em uma emissora de televisão – e lá se vão mais de 50 anos –, até o instante em que escrevo estas linhas, todos os dias aprendi alguma coisa, muitas coisas. Chega até a ser meio irresponsável o quanto a gente aprende trabalhando ao vivo, colocando a cara no vídeo, cometendo gafes e erros bisonhos. Mas é assim que se constrói um telejornalista, ou escrevendo e revisando textos. Somos eternamente aprendizes. Não era à toa que o lendário apresentador Flavio Cavalcanti (1923-1986) dizia: *"Na TV brasileira não há escola. Somos todos autodidatas".*

Na realidade, fazer televisão no Brasil sempre foi uma espécie de aventura, na qual o que vale mais é a busca da novidade, a vontade incontida e o talento de quem se arrisca, se lança na batalha. Basta lermos ou ouvirmos depoimentos de Armando Nogueira, Fernando Barbosa Lima, José Bonifácio de Oliveira Sobrinho e de todos aqueles que participaram dessa epopeia que vem dos anos 1950 até meados dos anos 1970, quando a televisão, além de ter se tornado mais experiente, se viabilizou tecnicamente.

Profissional ela sempre foi, embora os primeiros que trabalharam diante daquelas pesadas câmeras apenas tivessem ouvido falar o que seria a tal televisão, e foram experimentando, improvisando, aqui e ali. Talvez por isso, hoje, a televisão brasileira seja tão versátil e criativa.

O curioso é que nós sempre nos deparamos com a política caminhando ao lado da TV – política por fora e por dentro da telinha. Embora ela aparente ser uma atividade essencialmente privada, a televisão teve, desde o início, as bênçãos do governo e, por longos anos, seria na prática amparada por ele. Daí, o vínculo tão forte. Foi o governo que instalou as torres de transmissão, lançou os satélites e regulamentou a atividade. Mas foi também o governo que inventou o Departamento Nacional de Telecomunicações e que aplicou a censura aos órgãos de comunicação.

Todos nós, que trabalhamos nesse *métier*, conhecemos apenas o mínimo para o nosso trabalho, tão jovem é a televisão. Aos poucos é que vamos sabendo do que se trata, quais são os recursos de que dispomos, que tipo de imagem é boa ou não para a televisão – às vezes, um simples botão ou uma pequena chama tomam uma dimensão fantástica na telinha –, qual é a linguagem adequada. Até porque, a cada dia surgem novidades.

Apesar de tudo que já se escreveu e se falou, de todas as grandes reportagens e coberturas nacionais e internacionais, não há manual que nos ensine sobre os mistérios insondáveis da televisão. O que se pode fazer é mostrar os caminhos que levam ao erro e aproveitar ao máximo as experiências de sucesso. Com base no cotidiano. Foi isso que me levou a este livro: pegar a experiência vivida e repassá-la da melhor maneira para quem vai usar o veículo. Afinal, são mais de 50 anos de Jornalismo, 70% deles dedicados à televisão.

Bibliografia

AGÊNCIA BRASIL. *Repórteres sem fronteiras*: 67 jornalistas morreram no exercício da profissão. 29 dez. 2015. Disponível em: <https://agenciabrasil.ebc.com.br/internacional/noticia/2015-12/reporteres-sem-fronteiras-67-jornalistas-morreram-no-exercicio-da>. Acesso em: 22 ago. 2021.

ALVES DE ABREU, A. *Mídia e política no Brasil*: jornalismo e ficção. Rio de Janeiro: Editora FGV, 2003.

AMORIM, P. H. Entrevista. *Trip*, São Paulo, n. 134, jun. 2005.

AMORIM, P. H. *O quarto poder*: uma outra história. São Paulo: Hedra, 2015.

AMORIM, P. H.; PASSOS, M. H. *Plim-plim*: a peleja de Brizola contra a fraude eleitoral. São Paulo: Conrad Editora, 2005.

BALMANT, O. Jornal permite jornalismo de alta qualidade narrativa (entrevista). *O Estado de S. Paulo*, São Paulo, 31 maio 2011.

BALMER, C. Papa agradece jornalistas por ajudarem a mostrar escândalos na Igreja. *Agência Brasil,* 13 nov. 2021. Disponível em: <https://agenciabrasil.ebc.com.br/internacional/noticia/2021-11/papa-agradece-jornalistas-por-ajudarem-mostrar-escandalos-na-igreja>. Acesso em: 19 nov. 2021.

BAUMAN, Z. *Modernidade líquida*. Rio de Janeiro: Zahar, 2001.

BAUMAN, Z. *Vida para consumo*: a transformação das pessoas em mercadoria. Rio de Janeiro: Zahar, 2007.

BBC BRASIL.COM. *TV faz mal antes dos 3 anos, mas pode ajudar depois*. 5 jul. 2005. Disponível em: <https://www.bbc.com/portuguese/ciencia/story/2005/07/printable/050705_televisaoas>. Acesso em 29 ago. 2021.

BEUTTENMÜLLER, M. da G. *Locução e TV*. Rio de Janeiro: Enelivros, s.d.

BIAL, P. *Roberto Marinho*. Rio de Janeiro: Jorge Zahar Editor, 2005.

BITTENCOURT, S. *A cozinha venenosa*: um jornal contra Hitler. São Paulo: Três Estrelas, 2013.

BOND, F. F. *Introdução ao jornalismo*. Rio de Janeiro: Agir Editora, 1962.

BORGERTH, L. E. *Quem e como fizemos a TV Globo*. São Paulo: A Girafa Editora, 2003.

BOURDIEU, P. *Sobre a televisão*. Rio de Janeiro: Jorge Zahar Editor, 1997.

BRASIL. Constituição (1988). In: MORAES, Alexandre de (Org.). *Constituição da República Federativa do Brasil de 1988*. 24 ed. São Paulo: Editora Atlas, 2005.

BRITO, S. "As máquinas farão tudo o que nós fazemos – e melhor", diz bioeticista. *Veja*, São Paulo, 31 out. 2018. Disponível em: <https://veja.abril.com.br/tecnologia/as-maquinas-farao-tudo-o-que-nos-fazemos-e-melhor-diz-bioeticista/>. Acesso em: 22 ago. 2021.

BRITTOS, V. C.; BOLAÑO, C. R. S. (Orgs.). *Rede Globo*: 40 anos de poder e hegemonia. São Paulo: Paulus Editora, 2005.

BUCCI, E. *Brasil em tempo de TV*. São Paulo: Boitempo Editorial, 1997.

BUCCI, E. Por que matar jornalistas? *O Estado de S. Paulo*, São Paulo, 3 maio 2012. Disponível em: <https://opiniao.estadao.com.br/noticias/geral,por-que-matar-jornalistas-imp-,868038>. Acesso em: 22 ago. 2021.

BUCCI, E. *Sobre ética e imprensa*. São Paulo: Companhia das Letras, 2000.

BUCCI, E. (Org.). *A TV aos 50*. São Paulo: Editora Fundação Perseu Abramo, 2000.

BUCCI, E.; KEHL, M. R. *Videologias*. São Paulo: Boitempo Editorial, 2004.

BULLA, B. "Atacar a imprensa é tática política" (entrevista). *O Estado de S. Paulo*, São Paulo, 18 nov. 2018. Disponível em: <https://internacional.estadao.com.br/noticias/geral,entrevista-atacar-a-imprensa-e-tatica-politica,70002611678>. Acesso em: 29 ago. 2021.

BURBAGE, R.; CAZEMANJOU, J.; KASPI, A. *Os meios de comunicação nos Estados Unidos*. Rio de Janeiro: Agir Editora, 1973.

BUTTI, N. A profundidade está no impresso (entrevista). *Plug: Revista do Curso Abril de Jornalismo*, São Paulo, 2011.

CARPENTER, E.; McLUHAN, M. *Revolução na comunicação*. Rio de Janeiro: Zahar Editores, 1966.

CARVALHO, L. M. O sujeito oculto. *Piauí*, São Paulo, n. 111, dez. 2015. Disponível em: <https://piaui.folha.uol.com.br/materia/o-sujeito-oculto/>. Acesso em: 22 ago. 2021.

CARVALHO, N. "Seja excelente ou você será substituído por um robô", alerta colunista do TechRepublic. *Portal Comunique-se*, 21 out. 2014. Link indisponível.

CASHMORE, E. *... E a televisão se fez*. São Paulo: Summus Editorial, 1998.

CASTRO, J. de A. *Tupi*: a pioneira da televisão brasileira. Brasília: Fundação Assis Chateaubriand, 2000.

CASTRO, R. *A noite do meu bem*: a história e as histórias do samba-canção. São Paulo: Companhia das Letras, 2015.

CASTRO, R. *A onda que se ergueu no mar*. São Paulo: Companhia das Letras, 2001.

CEBRIÁN, J. L. *O pianista no bordel*. Rio de Janeiro: Objetiva, 2009.

CEBRIÁN, J. L. *A rede*: como nossas vidas serão transformadas pelos novos meios de comunicação. São Paulo: Summus Editorial, 1998.

CHADE, J. Brasil está entre os países que mais matam jornalistas no mundo, segundo entidade. *O Estado de S. Paulo*, São Paulo, 14 dez. 2015a. Disponível em: <https://politica.estadao.com.br/noticias/geral,brasil-esta-entre- os-paises-que-mais-matam-jornalistas-no-mundo--segundo-entidade, 10000004764>. Acesso em: 22 ago. 2021.

CHADE, J. Brasil registra o maior número de jornalistas assassinados em 23 anos, segundo entidade. *O Estado de S. Paulo*, São Paulo, 29 dez. 2015b. Disponível em: <https://politica.estadao.com.br/noticias/geral,110-jornalistas-foram-assassinados-em-todo-o-mundo-em-2015--diz-ong,1816358>. Acesso em: 22 ago. 2021.

CLARK, W.; PRIOLLI, G. *O campeão de audiência*: uma autobiografia. Rio de Janeiro: Editora Best Seller, 1991.

COLOMBO, S. As pessoas esperam que as notícias venham até elas, diz editor do "Washigton Post". *Folha de S. Paulo*, São Paulo, 10 out. 2016. Disponível em: <https://www1.folha.uol.com.br/paywall/login.shtml?https://www1.folha.uol.com.br/mercado/2016/10/1821437-as-pessoas-esperam-que-as-noticias-venham-ate-elas-diz-editor-do-washington-post.shtml>. Acesso em: 15 ago. 2021.

COSTA, C. T. *Ética, jornalismo e nova mídia*: uma moral provisória. Rio de Janeiro: Zahar, 2009.

COSTA, C. T. Um modelo de negócio para o jornalismo digital. *Revista de Jornalismo ESPM*, São Paulo, n. 9, abr./jun. 2014.

CPJ. *Assassinatos de jornalistas mais que dobram em todo o mundo*. Committee to Protect Journalists, 22 dez. 2020. Disponível em: <https://cpj.org/pt/reports/2020/12/assassinatos-de-jornalistas-mais-que-dobram-em-todo-o-mundo/>. Acesso em: 24 ago. 2021.

DENNIS, A. Jornal britânico "The Independent" volta a ser lucrativo após duas décadas. *Folha de S. Paulo*, São Paulo, 19 out. 2016. Disponível em: <https://m.folha.uol.com.br/mercado/2016/10/1824206-jornal-britanico-the-independent-volta-a-ser-lucrativo-apos-duas-decadas.shtml>. Acesso em: 15 ago. 2021.

DEUTSCHE WELLE. *Para especialista, "mais do que nunca, o mundo precisa de jornalistas"*. 19 jun. 2011. Disponível em: <https://www.dw.com/pt-br/para-especialista-mais-do-que-nunca-o-mundo-precisa-de-jornalistas/a-15172959>. Acesso em: 22 ago. 2021.

DIMENSTEIN, G.; SOUZA, J. de. *A história real*: trama de uma sucessão. São Paulo: Editora Ática, 1994.

DINES, A. *O papel do jornal*: tendências da comunicação e do jornalismo no mundo em crise. Rio de Janeiro: Artenova, 1974.

O ESTADO DE S. PAULO. *China defende censura da internet*. 20 out. 2011. Disponível em: <https://link.estadao.com.br/noticias/geral,china-defende-censura-da-internet,10000037607>. Acesso em: 24 set. 2021.

O ESTADO DE S. PAULO. *Entrevista coletiva de Luiz Inácio Lula da Silva*. São Paulo, 29 abr. 2005.

O ESTADO DE S. PAULO. *Mais de 300 jornais se unem em defesa da liberdade de imprensa e Trump reage*. 16 ago. 2018. Disponível em: <https://internacional.estadao.com.br/noticias/geral,apos-ataques-de-trump-centenas-de-jornais-publicam-editoriais-em-defesa-da-liberdade-de-imprensa,70002454802>. Acesso em: 29 ago. 2021.

FARHAT, S. *O fator opinião pública, como se lida com ele*. São Paulo: T. A. Queiroz Editor, 1992.

FELTRIN, R. Em comunicado, Globo alerta repórteres até sobre "WhatsApp da família". *UOL*, 2 jul. 2018. Disponível em: <https://www.uol.com.br/splash/noticias/ooops/2018/07/02/em-nota-publica-globo-pede-a-reporteres-cuidado-ate-em-whatsapp-da-familia.htm>. Acesso em: 22 ago. 2021.

FIGUEIREDO, R. (Org.). *Marketing político e persuasão eleitoral*. Rio de Janeiro: Fundação Konrad Adenauer, 2000.

FILHO, E. *Nos bastidores da campanha*: crônica de uma vitória. Rio de Janeiro: Objetiva, 1994.

FINO, C. *A guerra ao vivo*. São Paulo: Verbo Brasil, 2003.

FOLHA DE S. PAULO. *Controle de registros telefônicos provoca onda de críticas nos EUA*. 6 jun. 2013. Disponível em: <https://www1.folha.uol.com.br/paywall/login.shtml?https://www1.folha.uol.com.br/mundo/2013/06/1290860-controle-de-registros-telefonicos-provoca-onda-de-criticas-nos-eua.shtml>. Acesso em: 22 ago. 2021.

FOLKENFLIK, D. (Ed.). *Page one*: inside "The New York Times" and the future of journalism. New York: PublicAffairs, 2011.

FRIAS FILHO, O. O paradoxo da mídia. *Folha de S. Paulo*, especial de aniversário de 95 anos, São Paulo, 28 fev. 2016.

G1. *Erdogan diz que não pode haver democracia com veículos de imprensa*. 3 out. 2018. Disponível em: <https://g1.globo.com/mundo/noticia/2018/10/03/erdogan-diz-que-nao-pode-haver-democracia-com-veiculos-de-imprensa.ghtml>. Acesso em: 22 ago. 2021.

G1. *TV é o meio preferido de 63% dos brasileiros para se informar, e internet de 26%, diz pesquisa*. 24 jan. 2017. Disponível em: <https://g1.globo.com/economia/midia-e-marketing/noticia/tv-e-o-meio-preferido-por-63-dos-brasileiros-para-se-informar-e-internet-por-26-diz-pesquisa.ghtml>. Acesso em: 22 ago. 2021.

GARCIA, A. *Nos bastidores da notícia*. Rio de Janeiro: Editora Globo, 1990.

GENESTRETI, G. "The Post" trata de quando jornalista era visto como herói, diz Clóvis Rossi. *Folha de S. Paulo*, São Paulo, 23 jan. 2018. Disponível em: <https://www1.folha.uol.com.br/ilustrada/2018/01/1952593-the-post-trata-de-quando-jornalista-era-visto-como-heroi-diz-clovis-rossi.shtml>. Acesso em: 5 out. 2021.

GILDER, G. *A vida após a televisão*. Rio de Janeiro: Ediouro, 1996.

GODOY, F. Em entrevista, professor Thomas Pettitt defende que novas mídias levam humanidade de volta à... *O Globo*, Rio de Janeiro, 8 nov. 2010. Disponível em: <https://oglobo.globo.com/economia/em-entrevista-professor-thomas-pettitt-defende-que-novas-midias-levam-humanidade-de-volta-a-2928880>. Acesso em: 19 set. 2021.

GOLDEMBERG, K. Artigo genuíno. *Revista de Jornalismo ESPM*, São Paulo, n. 4, 2013.

GRAMSCI, A. A crise consiste precisamente no fato de... *Pensador.com*. Disponível em: <https://www.pensador.com/frase/MjEyMjgzMQ/>. Acesso em: 19 set. 2021.

GUGELMIN, F. Decretada nova data para a morte dos jornais impressos. *Tecmundo*, 10 out. 2011. Disponível em: <https://www.tecmundo.com.br/curiosidade/14155-decretada-nova-data-para-a-morte-dos-jornais-impressos.htm>. Acesso em: 15 ago. 2021.

HARARI, Y. N. *Sapiens*: uma breve história da humanidade. Porto Alegre: L&PM Editores, 2017.

HAYES, I. Os principais diários do mundo estão falidos. *Odiario.info*, 4 maio 2009. Link indisponível.

HEBMÜLLER, P. Jornalismo, direito humano. *Outras Mídias*, 2011. Disponível em: <https://outraspalavras.net/outrasmidias/jornalismo-direito-humano/>. Acesso em: 22 ago. 2021.

HERSH, S. *O lado negro de Camelot*. Porto Alegre: L&PM Editores, 1997.

HOLIDAY, R. *Acredite, estou mentindo*: confissões de um manipulador das mídias. São Paulo: Companhia Editora Nacional, 2012.

IBGE. *Pesquisa Nacional por Amostra de Domicílios* (PNAD). Rio de Janeiro: Instituto Brasileiro de Geografia e Estatística, 2005.

INSTITUTO QUALIBEST. *Pesquisa divulgada pela Subsecretaria de Divulgação e Integração do Senado Federal*, 28 jul. 2005.

JÚNIOR, G. (Org.). *País da TV*: entrevistas. São Paulo: Conrad Livros, 2001.

JUNIOR, R. *Às margens do Sena*: depoimento a Gianni Carta. Rio de Janeiro: Ediouro, 2007.

KEEN, A. *O culto do amador*: como blogs, MySpace, YouTube e a pirataria digital estão destruindo nossa economia, cultura e valores. Rio de Janeiro: Zahar, 2007.

KENT, T. Uma questão de ética. *Revista de Jornalismo ESPM*, São Paulo, n. 16, 2016. Disponível em: <https://arquivo.espm.edu.br/revista/jornalismo/2016-jan-fev-mar/>. Acesso em: 22 ago. 2021.

KLATELL, D. A arte da reinvenção. *Revista de Jornalismo ESPM*, São Paulo, n. 11, 2014. Disponível em: <https://arquivo.espm.edu.br/revista/jornalismo/2014-out-nov-dez/16/>. Acesso em: 29 ago. 2021.

KLATELL, D. A vida sob pressão. *Revista de Jornalismo ESPM*, São Paulo, n. 15, 2015. Disponível em: <https://arquivo.espm.br/revista/jornalismo/ 2015-out-nov-dez/5/>. Acesso em: 22 ago. 2021.

KLINTOWITZ, J. *30 segundos de televisão valem mais do que 2 meses de Bienal de São Paulo:* isto é bom ou é ruim? São Paulo: Summus Editorial, 1981.

KOTSCHO, R. Ao debate, caros colegas. *Folha de S. Paulo*, São Paulo, 10 ago. 2004. Disponível em: <https://www1.folha.uol.com.br/fsp/opiniao/fz1008200409.htm>. Acesso em: 22 ago. 2021.

KOVACH, B.; ROSENSTIEL, T. *Os elementos do jornalismo*: o que os jornalistas devem saber e o público exigir. São Paulo: Geração Editorial, 2004.

KUCINSKI, B. *A síndrome da antena parabólica*. São Paulo: Editora Fundação Perseu Abramo, 1998.

KUNTZ, R. A. *Marketing político*: manual de campanha eleitoral. São Paulo: Global Editora, 1986.

KURZWEIL, R. *A era das máquinas espirituais*. São Paulo: Editora Aleph, 2007.

LAFLOUFA, J. A era da TV vai provavelmente acabar até 2030, aposta CEO da Netflix. *B9*, 2 dez. 2014. Disponível em: <https://www.b9.com.br/53378/era-da-tv-vai-provavelmente-acabar-ate-2030-aposta-ceo-da-netflix/>. Acesso em: 24 set. 2021.

LAMOUNIER, B.; CARDOSO, F. H. (Coords.). *Os partidos e as eleições no Brasil*. Rio de Janeiro: Cebrap; Paz e Terra, 1978.

LEE, D. Geração perdida. *Revista de Jornalismo ESPM*, São Paulo, n. 18, 2016. Disponível em: <https://arquivo.espm.edu.br/revista/jornalismo/2016-out-nov-dez/48/#zoom=z>. Acesso em: 22 ago. 2021.

LIMA, V. A. de. *Mídia, teoria e política*. São Paulo: Editora Fundação Perseu Abramo, 2001.

LIMA, V. A. de; CAPPARELLI, S. *Comunicação e televisão*: desafios da pós-globalização. São Paulo: Hacker Editores, 2004.

LINS E SILVA, C. E. *O adiantado da hora*: a influência americana sobre o jornalismo brasileiro. São Paulo: Summus Editorial, 1990.

LOGWEB. *Nada substitui um grande anúncio em jornal e revista*. 18 dez. 2015. Disponível em: <https://www.logweb.com.br/nada-substitui-um-grande-anuncio-em-jornal-e-revista-garante-nizan-guanaes/>. Acesso em: 15 ago. 2021.

LOPES, R. *Guerras e tormentas*: diário de um correspondente internacional. Porto Alegre: Edições BesouroBox, 2011.

LOPES, R. J. TV induz agressividade, dizem cientistas. *Folha de S. Paulo*, São Paulo, 29 mar. 2012. Disponível em: <https://www1.folha.uol.com.br/fsp/ciencia/fe2903200201.htm>. Acesso em: 29 ago. 2021.

MACIEL, P. *Guia para falar (e aparecer) bem na televisão*. Porto Alegre: Sagra-DC Luzzatto Editores, 1993.

MACIEL, P. *Jornalismo de televisão*. Porto Alegre: Sagra-DC Luzzatto Editores, 1995.

MARÃO, J. C.; RIBEIRO, J. H. *Realidade re-vista*: a história e as melhores matérias da revista que marcou o jornalismo e influenciou as mudanças no país. Santos: Realejo Livros, 2010.

MARTÍN-BARBERO, J.; REY, G. *Os exercícios do ver*. São Paulo: Editora Senac, 2001.

MARTINS, L. A função do vídeo no web jornalismo. *Leandro Martins: Jornalismo com Ética* (blog), 19 mar. 2012. Disponível em: <http://leandrojornalista.blogspot.com/2012/03/funcao-do-video-no-web-jornalismo.html>. Acesso em: 24 set. 2021.

MATSUURA, S. "Hoje, o jornal é mais do que jornal", diz diretor do Centro Knight de Jornalismo. *O Globo*, Rio de Janeiro, 26 jul. 2016. Disponível em: <https://oglobo.globo.com/brasil/site-o-globo-20-anos/hoje-jornal-mais-do-que-jornal-diz-diretor-do-centro-knight-de-jornalismo-19787929>. Acesso em: 15 ago. 2021.

McLUHAN, M. *A galáxia de Gutenberg*. São Paulo: Companhia Editora Nacional, 1972.

MEIRELES, M. Jornalista Lillian Ross morre aos 99 anos. *Folha de S. Paulo*, São Paulo, 21 set. 2017.

MENA, F. Medo das ruas faz jovens valorizarem a TV como forma de lazer. *Folha de S. Paulo*, São Paulo, 19 ago. 2002. Disponível em: <https://www1.folha.uol.com.br/folha/equilibrio/noticias/ult263u1538.shtml>. Acesso em: 29 ago. 2021.

MENDONÇA, D. *Casos & coisas*. Rio de Janeiro: Editora Globo, 2001.

MEYER, P. *Os jornais podem desaparecer?* Como salvar o jornalismo na era da informação. São Paulo: Editora Contexto, 2004.

MORAIS, F. *Chatô, o rei do Brasil*. São Paulo: Companhia das Letras, 1994.

MORAIS, F. *Na toca dos leões*. São Paulo: Editora Planeta, 2005.

NERY, S. *A eleição da reeleição*. São Paulo: Geração Editorial, 1999.

NERY, S. *Grandes pecados da imprensa*. São Paulo: Geração Editorial, 2000.

NINIO, M. O jornal ainda é a principal fonte confiável, diz editor de "Spotlight". *Folha de S. Paulo*, São Paulo, 6 out. 2016. Disponível em: <https://www1.folha.uol.com.br/paywall/login.shtml?https://www1.folha.uol.com.br/mundo/2016/10/1820661-o-jornal-ainda-e-a-principal-fonte-confiavel-diz-editor-de-spotlight.shtml>. Acesso em: 15 ago. 2021.

NIVALDO JUNIOR, J. *Maquiavel, o poder*: história e marketing. São Paulo: Martin Claret, 1999.

NOGUEIRA, N. *Opinião pública e democracia*. São Paulo: Livraria Nobel, 1986.

OLIVEIRA SOBRINHO, J. B. de. *O livro do Boni*. São Paulo: Leya; Casa da Palavra, 2011.

PADIGLIONE, C. Ao tratar Bolsonaro como patrão, Silvio Santos confunde estado com governo. *Telepadi*, 21 dez. 2020. Disponível em: <https://telepadi.folha.uol.com.br/ao-tratar-bolsonaro-como-patrao-silvio-santos-confunde-estado-com-governo/>. Acesso em: 22 ago. 2021.

PEREIRA, I. O arquiteto do jornalismo. *Negócios da Comunicação*, São Paulo, a. 9, n. 52, mar. 2012. Disponível em: <https://pt.calameo.com/books/000059048b0ca8c6aa16b>. Acesso em: 22 ago. 2021.

PEREIRA JUNIOR, L. C. (Org.). *A vida com a TV*: o poder da televisão no cotidiano. São Paulo: Editora Senac, 2002.

PERES, B. População confia em jornais, mas só 6% leem diariamente, diz pesquisa. *Valor Econômico*, São Paulo, 7 mar. 2014. Disponível em: <https://valor.globo.com/empresas/noticia/2014/03/07/populacao-confia-em-jornais-mas-so-6-leem-diariamente-diz-pesquisa.ghtml>. Acesso em: 15 ago. 2021.

PEUCER, T. Os relatos jornalísticos. Trad. de Paulo da Rocha Dias. *Comunicação & Sociedade*, São Bernardo do Campo, PósCom-Umesp, n. 33, p. 199-214, 2000.

PIKE, S. *Nós mudamos o mundo*: um pioneiro revela a história da CNN. Barueri: Editora Manole, 2004.

PODER 360. *Tiragem impressa dos maiores jornais perde 520 mil exemplares em 3 anos*. 31 jan. 2018. Disponível em: <https://www.poder360.com.br/midia/tiragem-impressa-dos-maiores-jornais-perde-520-mil-exemplares-em-3-anos/>. Acesso em: 24 set. 2021.

POPPER, K.; CONDRY, J. *Televisão*: um perigo para a democracia. Lisboa: Gradiva, 1999.

PORTAL IMPRENSA. *137 jornalistas foram agredidos este ano, indica levantamento da Abraji*. 9 out. 2018. Disponível em: <https://portalimprensa.com.br/noticias/ultimascias/81100/137+jornalistas+foram+agredidos+este+ano+indica+levantamento+da+abraji>. Acesso em: 22 ago. 2021.

PRADO, M. C. R. M. do. *A real história do real*. Rio de Janeiro: Editora Record, 2005.

RAMONET, I. *A explosão do jornalismo*: das mídias de massa à massa de mídias. Santos: Publisher Brasil, 2012.

RAMONET, I. Ignacio Ramonet descreve explosão do jornalismo. *Outras Palavras*, 20 abr. 2011. Disponível em: <https://outraspalavras.net/sem-categoria/ignacio-ramonet-descreve-a-explosao-do-jornalismo/>. Acesso em: 22 ago. 2021.

REBELLO, A. "Falta de confiança na imprensa é desafio contra *fake news*", diz reitor de Columbia. *UOL*, 10 out. 2017. Disponível em: <https://noticias.uol.com.br/internacional/ultimas-noticias/2017/10/10/entrevista-com-steve-coll.htm>. Acesso em: 22 ago. 2021.

REDE GLOBO DE TELEVISÃO. *Correspondentes*: bastidores, histórias e aventuras de jornalistas brasileiros pelo mundo. Rio de Janeiro: Globo Livros, 2018.

REDE GLOBO DE TELEVISÃO. *Dicionário da TV Globo*. Rio de Janeiro: Jorge Zahar Editor, 2003. (v. 1: Programas de dramaturgia & entretenimento)

REDE GLOBO DE TELEVISÃO. *Jornal Nacional*: a notícia faz história. Rio de Janeiro: Jorge Zahar Editor, 2004. (Coleção Memória Globo).

RIBEIRO, B. *Jornal do Brasil*: os bastidores das edições mais marcantes de um veículo inesquecível. Rio de Janeiro: Record, 2015.

ROCHA, C. et al. No Globo, um debate sobre o papel do jornal. *O Globo*, Rio de Janeiro, 24 jul. 2012. Disponível em: <https://oglobo.globo.com/rio/no-globo-um-debate-sobre-papel-do-jornal-5573817>. Acesso em: 15 ago. 2021.

RODRIGUES, M. F. Zygmunt Bauman: "Três décadas de orgia consumista resultaram em uma sensação de urgência sem fim". *O Estado de S. Paulo*, São Paulo, 6 ago. 2016. Disponível em: <https://alias.estadao.com.br/noticias/geral,zygmunt-bauman-decadas-de-orgia-consumista-resultaram-em-uma-sensacao-de-urgencia-sem-fim,10000067386>. Acesso em: 19 set. 2021.

ROSA, J. L. Unificada, Globo estuda novos modelos de negócio. *Valor Econômico*, São Paulo, 30 jul. 2021. Disponível em: <https://valor.globo.com/impresso/noticia/2021/07/30/unificada-globo-estuda-novos-modelos-de-negocios.ghtml>. Acesso em: 15 ago. 2021.

SANTA RITA, C. *Batalhas eleitorais*: 25 anos de marketing político. São Paulo: Geração Editorial, 2001.

SANT'ANNA, L. *O destino do jornal*: a "Folha de S. Paulo", "O Globo" e o "Estado de S. Paulo" na sociedade da informação. Rio de Janeiro: Record, 2008.

SAROLDI, L. C.; MOREIRA, S. V. *Rádio Nacional*: o Brasil em sintonia. Rio de Janeiro: Jorge Zahar Editor, 2005.

SCHELLER, F. Sites de jornais lançam plataforma online para anúncios. *O Estado de S. Paulo*, São Paulo, 13 ago. 2014. Disponível em: <https://economia.estadao.com.br/noticias/geral,sites-de-jornais-lancam-plataforma-online-para-anuncios,1545389>. Acesso em: 15 ago. 2021.

SCOLESE, E. "Nem liberdade de imprensa é valor absoluto", diz Gushiken. *Folha de S. Paulo*, São Paulo, 11 ago. 2004. Disponível em: <https://www1.folha.uol.com.br/folha/brasil/ult96u63174.shtml>. Acesso em: 22 ago. 2021.

SERVAN-SCHREIBER, J.-L. *El poder de informar*. Barcelona: Ediciones Dopesa, 1972.

SEVERIANO, M. *Realidade*: história da revista que virou lenda. Florianópolis: Editora Insular, 2013.

SCHWARTZ, E. I. *The last lone inventor*: a tale of genius, deceit, and the birth of television. New York: HarperCollins Publishers, 2002.

SERVA, L. *A desintegração dos jornais*. São Paulo: Editora Reflexão, 2014.

SHIRKY, C. Mal das pernas. *Revista de Jornalismo ESPM*, São Paulo, n. 4, jan.-mar. 2013.

SHIRKY, C. *Lá vem todo mundo*: o poder de organizar sem organizações. Rio de Janeiro: Zahar, 2008.

SILVA, A. *A fantástica história de Silvio Santos*. São Paulo: Editora do Brasil, 2000.

SILVA, H. (Org.). *Desafios da comunicação*. Petrópolis: Editora Vozes, 2001.

SIMAS, F. Nobel da Paz premia liberdade de expressão e combate à desinformação. *O Estado de S. Paulo*, São Paulo, 9 out. 2021. p. A14.

SIQUEIRA, E. Jornal do futuro ou jornal sem futuro? *O Estado de S. Paulo*, São Paulo, 2 jul. 2010a. Disponível em: <https://economia.estadao.com.br/blogs/ethevaldo-siqueira/jornal-do-futuro-ou-jornal-sem-futuro/>. Acesso em: 15 ago. 2021.

SIQUEIRA, E. Uma revolução no jornalismo. *O Estado de S. Paulo*, São Paulo, 3 maio 2010b. Disponível em: <https://economia.estadao.com.br/blogs/ethevaldo-siqueira/uma-revolucao-no-jornalismo/>. Acesso em: 3 out. 2021.

SOBREIRA, G. *Como lidar com os jornalistas*. São Paulo: Geração Editorial, 1993.

STASHOWER, D. *The boy genius and the mogul*: the untold story of television. New York: Broadway Books, 2002.

STYCER, M. 15 frases de Silvio Santos que resumem o Troféu Imprensa 2017. *UOL*, 10 abr. 2017. Disponível em: <https://tvefamosos.uol.com.br/blog/mauriciostycer/2017/04/10/15-frases-de-silvio-santos-que-resumem-o-trofeu-imprensa-2017/>. Acesso em: 22 ago. 2021.

TAVARES, F. *O dia em que Getúlio matou Allende*. Rio de Janeiro: Editora Record, 2004.

TENUTA, G.; SAVIOLLI, P. *Depois do front*: os traumas psicológicos dos jornalistas que cobrem conflitos. São Paulo: Editora Reflexão, 2016.

TOLEDO, R. P. de. *O presidente segundo o sociólogo*. São Paulo: Companhia das Letras, 1998.

TV CULTURA. *Roda Viva*: Carlos Maranhão. 26 dez. 2016. Disponível em: <https://cultura.uol.com.br/programas/rodaviva/videos/207_roda-viva-carlos-maranhao-26-12-2016.html>. Acesso em: 22 ago. 2021.

VADAS, P. I. *Marketing político*. San Diego: California International Business Research Organization, 1994.

VALOR ECONÔMICO. *Britânico "The Independent" encerra versão impressa em março*, 12 fev. 2016. Disponível em: <https://valor.globo.com/empresas/noticia/2016/02/12/britanico-the-independent-encerra-versao-impressa-em-marco.ghtml>. Acesso em: 15 ago. 2021.

VEJA.COM. *Caso Chico Pinheiro motiva advertência de diretor*: "Globo é apartidária". 10 abr. 2018. Disponível em: <https://veja.abril.com.br/cultura/caso-chico-pinheiro-motiva-advertencia-de-diretor-globo-e-apartidaria/>. Acesso em: 22 ago. 2021.

VILLAS-BÔAS CORRÊA, L. A. *Conversa com a memória*: a história de meio século de jornalismo político. Rio de Janeiro: Objetiva, 2002.

WEBER, M. *Ensaios de sociologia*. Rio de Janeiro: Zahar Editores, 1963.

WEFFORT, F. *O que é deputado*. São Paulo: Editora Brasiliense, 1987. (Coleção Primeiros Passos, 178)

WEISS, L. Sem defesa, o PT acusa a mídia. *Observatório da Imprensa*, 20 set. 2005. Disponível em: <http://www.observatoriodaimprensa.com.br/codigo-aberto/sem-defesa-o-pt-acusa-a-midia/>. Acesso em: 29 ago. 2021.

XAVIER, R.; SACCHI, R. *Almanaque da TV*: 50 anos de memória e informação. Rio de Janeiro: Objetiva, 2000.

YOUTUBE. *Alexandre Garcia entrevista Figueiredo* (1985). 12 dez. 2016. Disponível em: <https://www.youtube.com/watch?v=DDY7V5bHsBI>. Acesso em: 29 ago. 2021.noticias/81100/137+jornalistas+foram+agredidos+este+ano+indica+levantamento+da+abraji>. Acesso em: 22 ago. 2021.